＼スマホでできる／

スマート
# 学級経営

中野博幸・赤坂真二・田中敏 著

明治図書

# はじめに

　社会の高度化に伴って，学校教育に求められる役割はどんどん増え続けています。

　平成19年に学校評価の実施と公表が義務化されたことにより，教育現場にそれまで以上に客観的な評価が求められるようになりました。それにより，アンケート調査などが増えたことで，教育現場はたくさんのデータ処理に翻弄されることになりました。それと同時に増えたのは，曖昧な客観的評価です。

　達成目標に数％足りないことが職員会議で問題となり，新しい取組や改善策を求められるようになりました。

　達成目標を80％と設定したアンケートで，肯定的な回答をした児童が20人中15人であれば達成率は75％です。目標よりも５％低いことになります。

　しかし，20人中16人つまり１人多ければ，目標が達成されることになります。たった１人の違いで改善策を考え，今までの取組を変更することが本当に必要なのでしょうか。こういったことが，学校現場を忙しく感じさせている一因なのではないかと思います。


　「どうして，あの先生の学級は子どもたちが生き生きとしているのだろう」と経験豊かな先輩教師を見習いたいと思う若手教師のみなさんも多いことでしょう。しかし，そんな経験豊かな教師のクラスであっても，学級経営が思うようにいかないことも増えてきています。世の中の価値観が多様化，複雑化し，今までの経験や勘が通用しない事態がまさに現場で起きています。


　教師は，子どもたちの学力や人間関係力の向上に向けて，日々様々な工夫をしながら実践を積み上げています。そして，日々変化する子どもの状況を的確に把握し，素早く判断してアクションを起こす必要があります。

ここで言う，アクションを起こすということは，何か新しいことをすることだけを指していません。現状把握がきちんとできれば，今までの取組を自信をもって継続するという判断もまた，正しいアクションと考えます。

　本書は，データサイエンス（統計分析）という観点から，学級経営を捉え直し，よりよい実践を支援するものです。

　学級経営が扱う内容は，授業づくり，集団づくり，組織づくり，児童生徒理解，地域・保護者との連携など多岐にわたります。教育現場における様々な事例をもとに，状況を把握する事例と取組の成果を評価する事例について，具体的な考え方や分析方法について説明します。

　データサイエンスというと難しい，わからないと考える方も多いと思いますが，数式はほとんど出てきませんし，データ分析はアプリがすべて行ってくれます。教師はデータを集め，数値をアプリに入力して計算ボタンを押し，出力した結果から次のアクションを考えればよいのです。

　面倒なデータ処理は全てアプリがやってくれると言っても，学級担任として子どもたちのどのような状況をどのようにデータ化するのか，そして，出力された結果をどう解釈するかが，実は一番重要なのです。

　今回，学級づくりや授業づくりに熱心に取り組んでいる先生方から協力していただき，様々な「学校現場あるある」場面を事例として取り上げることができました。

　これらの事例を参考にしながら，みなさんも学級経営×データ分析にチャレンジしてみましょう。

2025年　研究室より霊峰米山を望みて　春

中野　博幸

# CONTENTS

はじめに　2
道具の準備　js-STAR の使い方　8

第1章　スマホでできる！
クイック・データ分析を使った学級経営

(1)　実践事例①
　　学年行事の登山を継続して実施するか？　　　　　　　　　　　12
　　□5名全員が賛成意見というのは，どれくらいまれなことなのか？　12

(2)　実践事例②授業づくり
　　今日の授業は，友だちと協力して学ぶことができたか？　　　　14
　　□ $p$ 値をコイン投げの原理で考える　16

(3)　実践事例③授業づくり
　　昨年度と比較して学力は向上したのか？　　　　　　　　　　　17
　　□統計的仮説検定とは？　19
　　□有意な差があるかを判定する基準は？　19

COLUMN1　仮説検証型と探索発見型の研究　21

(4)　実践事例④授業づくり
　　補習の効果はあったのか？（再テスト法）　　　　　　　　　　22
　　□片側検定と両側検定　25
　　□伸びを分析する　27

COLUMN2　両側検定と片側検定　28

(5)　実践事例⑤学年行事
　　学年行事はどちらにすべき？　　　　　　　　　　　　　　　　29

□統計的仮説検定の流れ　32

(6)　実践事例⑥授業づくり
質問教室は役に立つか？(1)······················34
　□母比率不等の分析　37
　□選択肢の併合　39

(7)　実践事例⑦授業づくり
質問教室は役に立つか？(2)······················41

(8)　実践事例⑧児童生徒理解
わたしたちの相談を，ちゃんと聞いてくれる先生がいるか？···············44

(9)　実践事例⑨児童生徒理解
県平均と比べて肥満傾向の生徒が多いのか？···············46
　□全国平均と自分のクラスを比較する　48

(10)　実践事例⑩保護者対応
保護者からの信頼は得られているか？（保護者アンケート編）···············49
　□$p$値は差の大きさを表さない　52

COLUMN3　ベイズファクタ（Bayes Factor）　53

(11)　実践事例⑪保護者対応
学校の様子は保護者に伝わっているか？···············54

(12)　実践事例⑫集団づくり
否定的な回答，本当に増えたと言える？（児童アンケート編）···············57

CONTENTS　5

⒀ 　**実践事例⑬授業づくり**
　２つのクラスのテスト結果に違いはあるか━━━━━━━59
　　□平均の差の検定　61

⒁ 　**実践事例⑭児童生徒理解**
　自然教室のレクリエーションは？━━━━━━━━━━62
　　□カイ二乗値の求め方　64

⒂ 　**実践事例⑮家庭生活**
　スマートフォン利用時間は男女で差がある？━━━━━65

⒃ 　**実践事例⑯授業づくり**
　授業の進め方，子どもたちに合っている？━━━━━━69
　　□多重比較について　76

⒄ 　**実践事例⑰授業づくり**
　忘れ物は月曜日に多いのか？━━━━━━━━━━━77

⒅ 　**実践事例⑱授業づくり**
　校内研究で何に力を入れる？━━━━━━━━━━━82

⒆ 　**実践事例⑲集団づくり**
　振り返り記述の結果は「見た目」よりも「中身」が大事！━━87

⒇ 　**実践事例⑳集団づくり**
　学級アンケートを分析する━━━━━━━━━━━━93

**COLUMN4**　教育活動の質保証　101

# 第2章 学級経営に統計学の思考を

**1 1人でも不満を持つ子がいたらあなたの学級経営は失敗だったのか？**⋯⋯⋯104

**2 学級経営に長期計画よりも戦略計画を**⋯⋯⋯108

**(1) クラスの理想像が実現しにくい理由** 108
- ① 教師の理想と現実の乖離
- ② スキルの不足

**(2) 長期計画と戦略の違い** 110
- ① 目的と焦点
- ② 柔軟性と調整
- ③ 実施と評価

**3 情は誤るが，数字は誤らない，しかし，数字だけでは人は付いてこない**⋯⋯⋯118

おわりに 124
謝辞 126

CONTENTS 7

## 道具の準備　js-STAR の使い方

js-STAR は統計分析プログラムの愛称です（STatistical Analysis Rescuers：統計分析救護員）。誰でも無料で使えます。

js-STAR は大きく分けてブラウザ版とアプリ版とスマホ版があります。

本書では，アプリ版またはスマホ版を使用して，解説します。読者は，それぞれの端末環境によって使い分けてください。

アプリ版およびスマホ版では，以下の分析プログラム等が利用できます。

- 1×2表（正確二項検定）
- 1×2表（母比率不等）
- 2×2表（Fisher's exact test）
- カイ二乗検定 I×J 表
- カイ二乗検定 i×J 表
- 自動評価判定（グレード付与）
- 1×2表（二項検定／BF 分析）シミュレーション

☑ **アプリ版**

iOS 用のアプリです。動作確認は iOS17 で行っています。

iPhone での利用を前提としていますが，iPad での利用も可能です。App Store で，js-STAR と検索してください

☑ **スマホ版**

スマホ版は，スマートフォンのブラウザで快適に利用できるインターフェースになっています。Android 端末の場合には，こちらを利用してください。iOS でも利用は可能です。ブラウザを使って以下の URL にアクセスすれば，だれでも無償で利用できます。

https://www.kisnet.or.jp/nappa/software/star_mini/index.htm

## ✛ 画面構成と使い方

　分析プログラムによって多少画面構成に違いがありますが，アプリ版の基本的な画面構成は以下のようになっています。

### ❶ js-STAR メニュー

　度数の検定や説明画面を選択するトップ画面です。

### ❷ データエリア

　データの入力を行います。小さな長方形のセルレイアウトです。

　セルをタップすると（アクティブにすると）ソフトウエアキーボードが表示されるので，数値を入力します。

### ❸ 計算ボタン

　データの入力後にタップすると，結果が出力されます。

　【計算！】ボタンの隣にある【×】はデータと結果を削除するためのボタンです。

### ❹ 結果エリア

　分析結果が出力されます。

### ❺ データ増減ボタン

　データエリアに対応した増減ボタンです。【＋】【－】をタップすると，セルの値が１ずつ増減します。データ増減ボタンを使うと片手で操作できるので便利です。

### ❻ 共有ボタン

　結果データを他のアプリと共有できます。

　ボタンをタップすると，共有可能なアプリが表示されるので選択します。

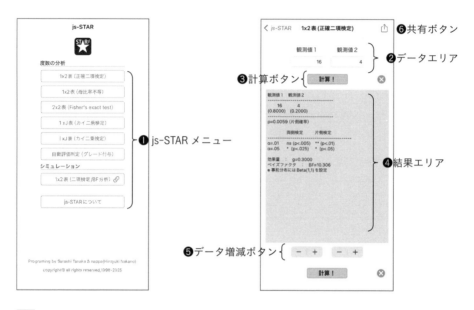

## ☑ ブラウザ版

　ブラウザ版はアプリ版やスマホ版と比べて，たくさんの分析プログラムやユーティリティプログラムを利用することができます。

　主にコンピューターでの利用を想定しています。ブラウザで，js-STAR と検索してください。

　推奨ブラウザは，Google Chrome です。動作を確認している OS は，Windows および macOS です。

　https://www.kisnet.or.jp/nappa/software/star/index.htm

　本書で扱った事例よりもさらに様々な分析を行うことができますので，興味のある方は以下の書籍をご覧になってください。

　『フリーソフト js-STAR で　かんたん統計データ分析』
　　　　　　　　中野博幸（著），田中敏（著）【技術評論社】

# 第 1 章

スマホでできる！
クイック・データ分析を使った
学級経営

# 第1章 スマホでできる！
## クイック・データ分析を使った学級経営

**実践事例①　学年行事の登山を継続して実施するか？**

　本校から望める米山は霊峰として山岳信仰があり，昔から，かぞえ12歳，満年齢の11歳で登ると，一人前と認められると言い伝えられています。本校でも，毎年，5年生で登山を行ってきましたが，授業時間の確保や安全面の対応などの問題から，昨年度の反省では，登山を中止したほうがよいのではないかといった意見も教員間で聞かれていました。

　しかし，今年，5年生の担任となり，多く自然や風土に触れる機会を通して，故郷に愛着をもった児童を育てたいという思いを持つようになりました。

　そこで，職員会議で全員の意見を聞く前に，数人の先生方に今年も登山を行うことに賛成か反対かを聞いてみることにしました。

　5名に聞いたところ，5名全員が登山を行うことに賛成という意見でした。

　これで，自信をもって，職員会議には登山を行うと提案しようと思います。

## □5名全員が賛成意見というのは，どれくらいまれなことなのか？

　1人が賛成か反対かを2つに1つを選択するので，その確率はそれぞれ2分の1ということになります。2人がどちらも賛成を選択する確率は，2分の1×2分の1＝4分の1，つまり，25％ということになります。

　5人が全員賛成となる確率を求めると，2分の1の5乗で0.03125です。これは，とても小さな値なので，偶然とは考えにくく，登山の計画を推進する一つの判断材料になります。

　学校は，する・しない，変える・変えない，効果があった・なかったなどの判断を日々求められています。

　しかしそれらの判断が客観的に行われているかというと，必ずしもそうではないのではないでしょうか。

　その客観的な判断の一つのツールとして，あらたに「データ分析としての確率」を使うというのが本書の大きな特徴です。

今までの判断の根拠となっていた，豊かな経験とデータ分析としての確率を組み合せることで，今までとは違った見方考え方ができるようになるでしょう。

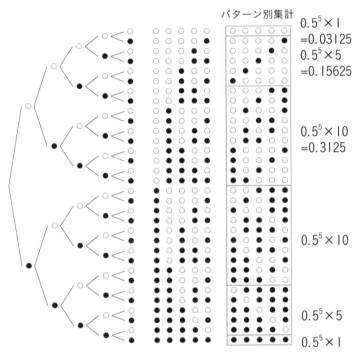

○はい　●いいえ としたときの5人の組み合わせパターンと確率

**実践事例②** 今日の授業は，友だちと協力して学ぶことができたか？

💬 取組の成果を評価する事例： 授業づくり

📁 **事例**

　主体的で対話的で深い学びが実現に向けて，友だちと協力して学ぶことができる授業改善に取り組みました。授業後に，「今日の授業では，友だちと協力して学ぶことができましたか」について「ハイ・イイエ」で回答してもらいました。その結果，ハイが16人，イイエが4人でした。ハイがイイエの4倍だったので，授業改善によってハイの人数がイイエの人数よりも多かったと考えてよいでしょうか。

❗ **考え方**

　ハイ・イイエと回答するそれぞれの確率が0.5として，ハイが16人，イイエが4人となる偶然生起確率を求めます。手計算はとても手間がかかるので，アプリを使って簡単に求めることができます。

📊 **分析の実行：1×2表（正確二項検定）**

① 結果を表にまとめる

| ハイ | イイエ |
|---|---|
| 16 | 4 |

② 確率を求める

　(1) js-STAR アプリを起動する（あるいは，ブラウザで js-STAR mini を開く）。

(2) 1×2表（正確二項検定）を選んで，以下のように数値を入力して，「計算！」ボタンをクリックする。

第1章　スマホでできる！クイック・データ分析を使った学級経営　15

(3) 出力を確認する。

```
観測値1 観測値2
-------------------------------------
   16      4
(0.8000) (0.2000)
-------------------------------------
p＝0.0059     （片側確率）
```

　ハイが16人，イイエが4人となる偶然生起確率は，$p＝0.0059$（片側確率）となっていることがわかります。わずか0.6％，つまり，偶然なら100回に1回くらいしか起きないことと考えられるので，これは偶然ではないと考えることができます。授業改善によって，友だちと協力して学ぶことができた児童が多かったと考えられます。

## □$p$値をコイン投げの原理で考える

　1×2表（正確二項検定）を使って出力される確率を<u>$p$値（ピーち，p-value）</u>といいます。$p$値の$p$はprobability（確率）の頭文字です。$p$値はコインを投げたときに表と裏が出る確率と同様に考えることができます。

　例えば，コインを20回投げれば，「表」10回・「裏」10が最も出やすく，つまり確率は大きくなります。一方で，表の出る数と裏の出る数の差が大きいほど，確率は小さくなります。その確率の分布を示したのが下のグラフです。左右対称の山型のグラフになっていることがわかります。

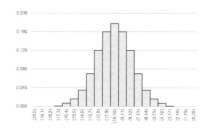

　端に偏った場合，つまり，<u>$p$値がとても小さくなったとき，有意な差があると判断します。</u>

16

**実践事例③　昨年度と比較して学力は向上したのか？**

## 取組の成果を評価する事例：授業づくり

### 事例

様々な標準学力検査があり，全国平均を基準とした偏差値などの結果から児童の学力状況を把握し，授業改善に生かすことができます。

持ち上がりの担任の先生にとって，結果を見るのは少しドキドキするものです。A学級では，昨年度の結果と比較すると，昨年度より上回った人数が12人，下回った人数が5人でした。

昨年度より上回った児童が多く，感覚的には成果が出ているように思うのですが，下回った児童も存在するため，学級担任は自信を持って「学力がついた！」と言ってよいのか迷っています。

今回の結果は，昨年度の結果と比較して向上したと言えるのでしょうか。

### 考え方

偏差値をその年度の基準とし，今年度の偏差値－昨年度の偏差値を求めて，プラスなら上回った，マイナスなら下回ったとして，それぞれの人数を求めます。上回った・下回ったの2値なので，1×2表（正確二項検定）を使って $p$ 値を求めます。

### 分析の実行：1×2表（正確二項検定）

① 結果を表にまとめる

| 上回った人数 | 下回った人数 |
|---|---|
| 12 | 5 |

② 確率を求める

(1) js-STAR アプリを起動する（あるいは，ブラウザで js-STAR mini を開く）。

(2) 1×2表（正確二項検定）を選んで，以下のように数値を入力して，「計算！」ボタンをクリックする。

(3) 出力を確認する。

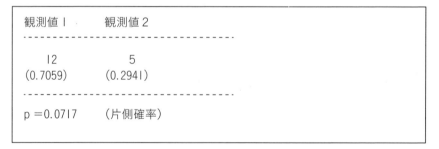

上回った人数が12人，下回った人数が5人となる $p$ 値は，$p = 0.0717$（片側確率）となっていることがわかります。

このp値は果たして小さい，有意な差があると言ってよいのでしょうか。判断の基準が人それぞれでは困ってしまいますね。

## □統計的仮説検定とは？

一体どのような場合に「有意な差がある」と言ってよいのでしょうか。実際にはどのような場合でも偶然に起きる可能性は完全に捨て去ることはできません。

例えば，コインを10回連続で投げて，そのすべてで表がでることは奇跡に近いと感じますが，およそ1000回に1回くらいは起きるので，確率は0ではありません。しかし，その差が生じることが「確率的にはめったに起きないこと」と判定できれば，「偶然ではない」と主張することができます。

そこで，「偶然にはめったに起きないこと」の基準を事前に決めた上で，偶然か意味のある差か，つまり有意な差があるかを判定するのが，統計的仮説検定です。

## □有意な差があるかを判定する基準は？

大学機関における学術論文では，実証性が何よりも重要な「仮説検証型」の研究であるので，5％や1％を判断基準とします。これを有意水準と呼び，$\alpha$（アルファ）で表します。

しかし，ビジネスや教育の世界では，様々な条件を統制することが難しいことや実用上の改善・開発・危機管理について判定する「探索発見型」の取組のことが多いため，10％を判断基準とするとよいでしょう。本書では，教育現場の実態を捉え改善に役立てるという観点から，$p$ 値10％未満を有意水準とすることにします。

| 記号 | $p$ 値 | $\alpha = 0.05$の判定 | $\alpha = 0.10$の判定 |
|---|---|---|---|
| n.s. | $0.10 < p$ | 有意でない | 有意でない |
| ＋ | $0.05 < p < 0.10$ | 有意傾向 | 有意 |
| ＊ | $p < 0.05$ | 有意 | 有意 |

　なお，上の表中の「記号」は js-STAR の出力で使用しているものです。js-STAR では有意水準 $\alpha = 0.05$に固定していますので，有意差がある場合は＊（アスタリスク）で示されます（＊＊は $p < 0.01$を示します）。

　本書の実践研究用の有意水準「$\alpha = 0.10$の判定」を適用する場合には，出力は＋で表示されますが，有意であると適宜読み替えてください。

　ちなみに，n.s. は，not significant（有意でない）の略です。


　以上のことから，今回の $p$ 値は $p = 0.0717$なので，有意な差があったと判断することができます。つまり，昨年度と比較して，クラスの学力は全体としては向上したと考えることができます。

　学級担任の気持ちがホッとする瞬間ですね。

　しかし，下回った児童が5人いることを忘れてはいけません。

　統計的な分析は，クラス全体として成果があったのかを判断するのに用い，それに対して，下回った児童に対しては個々の特性を見極めながらそれぞれに合った支援を考え対応を行うことが重要です。

## 仮説検証型と探索発見型の研究

　実証研究には仮説検証型と探索発見型があります。特定の仮説がある場合，仮説の妥当性をテストする仮説検証型の方法を用います。一方，特に既存の仮説がない場合は独自の仮説を立てるために一定程度の見通しや可能性を見いだそうとする探索発見型の方法を選択することになります。

　一般に，人間・社会科学の論文・報告はほとんど追試であり，すでに何らかの特定の仮説があるので，特に言及がない限り検定統計量（$p$値）に対して有意水準$\alpha=0.05$（両側検定）を設定し検証します。

　一方，探索発見型の研究には，合意された評価手続きがありません。見いだされた結果を取り上げるかどうか，そしてその結果を根拠に何らかの決定や次の企画・改善へ進むかどうかは当事者・関係者の任意といえます。

　そこで，本書は，探索発見型の知見においても統計的検定法を積極的に用いること，その有意水準を$\alpha=0.10$（片側検定）に設定して検定することを提案します。そのように仮説検証型の統計的検定を探索発見型の研究にも適用し，数値による証拠価値を求めることが，社会の実践現場の業務改善や新規開発，危機管理などにおける定式化されたデータ分析の手続きとなることを本書は期待するものです。

（田中　敏）

実践事例④　補習の効果はあったのか？（再テスト法）

 取組の成果を評価する事例： 授業づくり

## 事例

　丁寧に説明したつもりでも，いざテストをやってみると，教師が考えたよりも生徒はわかっていないということがよくあるものです。それを生徒の勉強不足と言うのではなく，つまずきを確認してフォローできるのが良い教師です。授業後のテスト結果の結果，いくつかのつまずきが見られたので，補習実施後に，テストの難易度は変えず，数値や順序を変えて，再度テストを行いました。

| 生徒 | 補習前 | 補習後 |
|---|---|---|
| 1 | 35 | 44 |
| 2 | 30 | 49 |
| 3 | 28 | 35 |
| 4 | 26 | 26 |
| ・ | ・ | ・ |
| 27 | 33 | 23 |
| 28 | 41 | 24 |
| 29 | 17 | 21 |
| 30 | 14 | 32 |
| 平均 | 27.6 | 34.5 |

　平均点は上がっていますが，補習前との結果と比較して向上したと言えるのでしょうか。

## ⚠ 考え方

補習前の成績を上回った人数がクラスの半数を上回っていると言えるのか，$p$ 値を求めます。

## 📊 分析の実行：１×２表（正確二項検定）

① 結果を表にまとめる

| 上回った人数 | 変化なしの人数 | 下回った人数 |
|:---:|:---:|:---:|
| 20人 | 4人 | 6人 |

補講の効果の評価は，補講前と補講後で点数が上回ったか下回ったかで判断することができます。そこで，変化なしの人数を除く１×２表を作成します。

| ＋ | － |
|:---:|:---:|
| 20人 | 6人 |

このような＋と－で集計し，１×２表で行う検定をサイン検定と呼ぶこともあります。

② $p$ 値を計算する

js-STAR アプリの１×２表（正確二項検定）を使って求めます。

次頁のように入力して，「計算！」ボタンをクリックすると，結果が出力されます。

第１章　スマホでできる！クイック・データ分析を使った学級経営　23

### ③ $p$ 値の大きさを評価する

$p$ 値は，$p=0.0047$（片側確率）として出力されています。

$p$ 値が10％未満だったので，補講後にテスト結果が向上した生徒がそうでなかった生徒よりも多かった，つまり，補講の効果はあったと判断することができます。

ちなみに，＋と－の人数によって，片側確率は以下のように変化します。人数が1人違うだけで $p$ 値の大きさがずいぶん違うことがわかります。

| ＋ | － | 片側確率 |
|---|---|---|
| 20 | 6 | $p=0.0047$ |
| 19 | 7 | $p=0.0145$ |
| 18 | 8 | $p=0.0378$ |
| 17 | 9 | $p=0.0843$ |
| 16 | 10 | $p=0.1635$ |

## □片側検定と両側検定

＋が17人，－が９人のときの出力結果です。

|  | 両側検定 | 片側検定 |
|---|---|---|
| $\alpha = .01$ | ns（$p < .005$） | ns（$p < .01$） |
| $\alpha = .05$ | ns（$p < .025$） | ns（$p < .05$） |
| $\alpha = .10$ | ns（$.025 < p < .05$） | ＋（$.05 < p < .10$） ……… ❶ |

偏るケースの数え方に対応して，片側検定と両側検定の２種類があります。

あらかじめどちらかに偏るかが想定できる場合は片側検定，あらかじめ想定できない場合には両側検定を使います。この事例は，補講の実施によって，テスト結果が良くなることが想定されるので，片側検定を使います。両側検定では，判断基準を半分するので，それだけ判断が厳しくなります。

偶然性を排除する「仮説検証型」の研究では両側検定，可能性を逃がさないための「探索発見型」の実践では片側検定を使うなど，場面に応じて使い分けることも必要です。

教育現場では，児童生徒の資質能力を向上させようとする取組が行われていますので，結果が良い方向に偏ると考えることができるので，本書では，基本的に片側検定を用いることにします。

シミュレーション：1×2表（二項検定／BF分析）を使うと，p値の分布の変化の様子を視覚的に確認することができます（スマホのブラウザが開きます）。

Nの値を増減したり，緑の●を左右に動かして標本比率を変えたりすると，それに伴ってグラフの形やp値の値が変化します。

母比率の二項分布の下向き赤いバーが片側検定5％の範囲を表しています。上向きの青いバーの範囲が赤いバーの範囲より小さくなれば，有意な差があることを示しています。

棒グラフの真ん中くらいをクリックすると，両側検定の左右2.5％の範囲が表示されます。

どれくらい偏れば，有意になるのかを感覚的に掴むことができるでしょう。

## □伸びを分析する

走るタイム，跳んだ距離，テストの得点など，教育現場は伸びのデータで溢れています。

テストは同レベルのものを複数回準備することが難しいですが，走るタイムなどは何度か測定したデータから平均を求めることで，精度の高い検定結果を得ることができます。

走り方トレーニングの前後で50M走のタイムは向上したのかを検定する手順は次のようになります。

(1) 走り方トレーニング前の50M走のタイムを5回測定する。

(2) トレーニング前の平均タイムを求める。

(3) 走り方トレーニングを一定期間行う。

(4) 走り方トレーニング後の50M走のタイムを5回測定する。

(5) トレーニング後の平均タイムを求める。

(6) 一人一人の児童について，トレーニング前後の平均タイムの差を求める。（トレーニング前平均タイム－トレーニング後平均タイム）

(7) 差が＋と0と－の人数を数える。

(8) 差が＋と－の人数を用いて，1×2表（正確二項検定）を行う。

(9) p値が10％未満であれば，走り方トレーニングはタイム向上に効果があったと考える。10％以上であれば，効果については保留する（効果がなかったという結論にはならない）。

## Column2 両側検定と片側検定

　本文にも述べられているように，両側検定は補習後に成績が上回った人数と下回った人数の差が，プラスになるケースとマイナスになるケースの両方を有意として拾えるようにするやり方です。そういう有意になるプラス・マイナス両方のケース（候補）を準備してから検定を行います。

　しかし実際には，人数差はプラスかマイナスかのどちらか一方だけしか出ません。本例の場合，人数差はプラスになりましたので，マイナス側に準備したケース（有意になるかもしれないマイナスの人数差）を参照することはありませんでした。これに対して，片側検定は人数差がプラスになるケースのみを有意として拾うやり方です。その際，マイナス側において有意になりそうなケースを準備しておく必要がないので，その分もプラス側に含めて有意なケース（有意になる候補）を倍に増やすことができます。

　こうした有意性の「乱発」をねらった方法選択は仮説検証型の研究では禁止行為です。しかし探索発見型の研究では逆に推奨行為ともいえます。

　たとえば日常の実践場面では，「オオカミが来たー」といつもより多く叫んでいる声が聞こえても「いつもより多いが有意でない」では危機管理になりません。また，自己表現が苦手な生徒が教師の声掛けに反応するようになっても「今週は前週より反応が多いが有意でない。気まぐれだろう」というのでは改善の糸口を見逃してしまいます。実践の現場では，良かれと思った直感や危ないなと思った懸念は「有意」（偶然でない）と考えたほうがよいのです。実際のところ，その直感が外れてもその懸念が杞憂に終わっても，有意（偶然でない）として対応するほうが万一のとき安全ですし，また好転の真の可能性をとらえる確率が高まります。

　実は，こうした探索発見型の研究スタイル自体が社会的に認識されていないことに問題があるのかもしれません。近年，社会的営為の改革に関わって言われるようになった数値目標，数値評価，エビデンス指向にからむ文脈の中で探索発見型の研究スタイルも改めて取りざたされてよいように思われます。

（田中　敏）

**実践事例⑤　学年行事はどちらにすべき？**

### 状況を把握する事例： 学年行事

#### 事例
　4月はじめの学習参観が終わり，その後の学年懇談会では，今年度のPTA行事の内容が話題にのぼりました。懇談会に出席している保護者から意見を聞くと，「物づくりがよい」という意見と，「スポーツ大会がよい」という意見に分かれました。「参加していない保護者の意見も踏まえて，総合的に考えたい」という学年委員長の意向もあり，PTA行事の内容はアンケートをとって決めることになりました。アンケートは「物づくり」か「スポーツ大会」の二択とし，細かなニーズも吸い上げられるように，自由記述欄も設けました。
　アンケートを集計した結果，物づくりが24票，スポーツ大会が16票で，物づくりが「やや多い」という印象です。この結果を見たPTA役員の方は「これは物づくりが多いと言っていいのでしょうか…」と悩まれている様子でした。この結果が統計的に意味のある差なのかどうか，実際に確認してみたいと思います。

#### 考え方
　PTA行事のアンケートで投票された，「物づくり」と「スポーツ大会」の得票数を比較します。

## 分析の実行：1×2表（正確二項検定）

① 結果を表にまとめる

| 物づくり | スポーツ大会 |
|---|---|
| 24 | 16 |

② p値を計算する

　どちらの選択肢も選ばれる確率は半々であると考えられます。

　そこで，js-STAR アプリの1×2表（正確二項検定）を使って検定を行います。以下のように入力して，「計算！」ボタンをクリックすると，結果が出力されます。

③ p値の大きさを評価する

　p値は，p＝0.1341（片側確率）として出力されています。

　p値が10％を下回っていないため，今回の結果では，統計的にみて，有意な差がついたとは言えないということになります。

多数決は1票でも多いほうが採択されますが，検定結果を踏まえ，役員の保護者には「どちらか一方を無視できるほど，大きく差がついた結果とは言えない」ことを伝えるとよいでしょう。

実際には，自由記述欄を見直すと，「物づくりをした年に，早く終わりすぎてしまったことがあった」といった内容があったことから，学年役員で相談した結果，「物づくりをメインとするが，時間が余ったときに備えて簡単なスポーツ大会ができる準備をしておく」ことに決まりました。

単純に投票でどちらかを選択するのではなく，自由記述欄を設けることで，今回のような折衷案に落ち着く場合があります。何かを決める際には，様々な考えを拾い上げることができるようにアンケートを設計するということも，大切なことかもしれません。

この事例では，総投票数が40でした。そのうち，物づくりが60％の24人，スポーツ大会が40％の16人でした。下の表は，物づくり・スポーツ大会の％が同じで，総投票数が変わった場合の片側確率を求めたものです。

| 合計 | 物づくり<br>（人） | スポーツ大会<br>（人） | 物づくり<br>（％） | スポーツ大会<br>（％） | 片側確率 |
|---|---|---|---|---|---|
| 60 | 36 | 24 | 60% | 40% | $p = 0.0775$ |
| 50 | 30 | 20 | 60% | 40% | $p = 0.1013$ |
| 40 | 24 | 16 | 60% | 40% | $p = 0.1341$ |
| 30 | 18 | 12 | 60% | 40% | $p = 0.1808$ |
| 20 | 12 | 8 | 60% | 40% | $p = 0.2517$ |
| 10 | 6 | 4 | 60% | 40% | $p = 0.3770$ |

物づくり・スポーツ大会の％が同じであっても総投票数が多くなると，片側確率が小さくなっていることがわかります。私たちは，わかりやすさを考えて，円グラフや帯グラフで表したりしますが，この場合はどの合計人数でも全く同じグラフになるにもかかわらず，p値は全く違います。

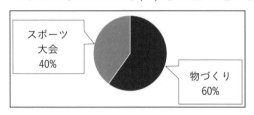

　合計が1000人を超えるような場合では，％での比較が有効ですが，学校では，クラス単位，学年単位など少人数で集計されることが多く，％での比較には向いていません。％の差を意識するのではなく，p値を意識することで，今まで以上に客観的な判断が可能になるのです。

□統計的仮説検定の流れ
　今まで見てきた統計的仮説検定の手順を形式的にまとめてみましょう。
① 帰無仮説の設定：全く仮定や前提のない仮説（したがって，差がない・効果がない）を立てる。
② 対立仮説の設定：帰無仮説に反して，差がある・効果があると実践者が証明したい仮説を立てる。
③ データの収集と検定：実践や調査を行い，帰無仮説の下で得られた調査結果が偶然に出現するp値を求める。
④ 帰無仮説の棄却か採択の判断：p値が有意基準よりも小さければ，帰無仮説を棄却，つまり偶然とは考えにくいので，対立仮説を採用して，有意な差があると主張する。
　　一方，有意基準よりも大きかった場合には，帰無仮説を棄却できないので，有意な差があったとは主張できない。
　　ただし，帰無仮説を棄却できないことは，帰無仮説が正しい，つまり，

差がない，効果がないことが証明されたわけではない。あくまで，今回の実践や調査で得られたデータから，差がある，効果があったことを証明できなかっただけである。

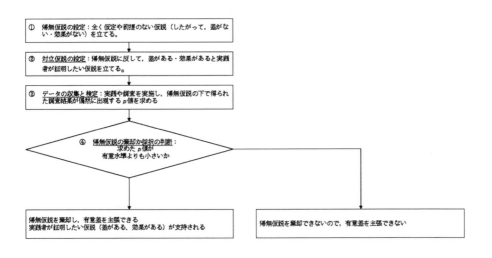

## 6 実践事例⑥ 質問教室は役に立つか？(1)

状況を把握する事例： 授業づくり

### 事例

　A中学校では，定期テスト1週間前の放課後に「質問教室」を実施しています。しかし，質問する生徒は決して多くなく，確保された50分間，教室で自主学習することに終始している生徒がほとんどという実態や時間確保のために短縮授業を実施していることから，教員の間では「本当に生徒のためになっているのか」という疑問が高まっていました。

　そこで，この取組の継続の是非を検討するために，全校生徒を対象にアンケートを実施することとしました。

　Q1は，中立的な立場も想定し，五件法での回答としました。さらに，数値的な結果だけでなく，生徒一人一人の考えを参考にしながら質問教室の是非を総合的に判断するため，Q1の回答理由を自由に記述する欄を設けました。

〈設問内容〉
Q1　質問教室は，あなたの学習に役立っていますか
5「とても役に立っている」
4「少し役に立っている」
3「どちらともいえない」
2「あまり役に立っていない」
1「まったく役に立っていない」

Q2　Q1でそのように回答した理由を教えてください（自由記述）

## ! 考え方

「質問教室は，あなたの学習の役に立っていますか」のアンケート調査において，肯定的な回答と肯定的ではない回答の数を比較します。

## 📊 分析の実行１：１×２表（母比率不等）

① 結果を表にまとめる

Q１の回答結果は，以下のようになりました。

| 5とても役に立っている | 4少し役に立っている | 3どちらともいえない | 2あまり役に立っていない | 1まったく役に立っていない |
|---|---|---|---|---|
| 80 | 26 | 14 | 8 | 4 |

Q１について，今回は質問教室の是非を検討するための調査であるため，「5」「4」を肯定的な回答とし，「3」「2」「1」の回答は肯定的ではない回答とします。結合した選択肢の比率は２：３です。これを母比率２：３と言います。

| 5とても役に立っている | 4少し役に立っている | 3どちらともいえない | 2あまり役に立っていない | 1まったく役に立っていない |
|---|---|---|---|---|
| 80 | 26 | 14 | 8 | 4 |

| | 肯定的な回答 | 肯定的ではない回答 |
|---|---|---|
| 人数 | 106 | 26 |
| 母比率 | 2 | 3 |

② 𝑝値を計算する

　js-STARアプリの1×2表（母比率不等）を使って求めます。

　以下のように入力して，「計算！」ボタンをクリックすると，結果が出力されます。

③ 𝑝値の大きさを評価する

　𝑝値は，𝑝＝0.0000（片側確率）として出力されています。𝑝値が10％未満だったので，質問教室の実施について肯定的な回答の生徒が肯定的ではない回答の生徒より多いと判断することができます。質問教室に対して，学習に役立っていることを実感している生徒が多いことから，今後も継続していくことに決めました。

## □母比率不等の分析

　今までの「ハイ・イイエ」の２択の質問では，選択肢が選ばれる確率は同じ１：１と考えていましたが，今回の場合は５つの選択肢を肯定的な回答として２つ，肯定的ではない回答として３つを結合したので，選ばれる確率は２：３となります。

　１×２表（正確二項検定）では，母比率１：１と仮定しているので，わざわざ母比率を入力する必要はありませんでした。

　選択肢を併合する別の例について考えてみましょう。

　回答結果が次の表のようになりました。

| 5とても役に立っている | 4少し役に立っている | 3どちらともいえない | 2あまり役に立っていない | 1まったく役に立っていない |
|---|---|---|---|---|
| 33 | 45 | 37 | 12 | 5 |

　中立的な回答の「どちらともいえない」を除いて，「５」「４」を併合して肯定的な回答78人，「２」「１」を併合して否定的な回答17人とし，１×２表（正確二項検定）で分析すると，$p = 0.0000$（片側確率）で有意となります。

　しかし，「３どちらともいえない」の回答が多く，そのデータが使われていないのは勿体ありません。


## 📊 分析の実行２：１×２表（母比率不等）

### ① 結果を表にまとめる

　３どちらともいえない以外の４つを併合すると，結合した選択肢の母比率は４：１となります。

| | どちらともいえない以外 | 3どちらともいえない |
|---|---|---|
| 人数 | 95 | 37 |
| 母比率 | 4 | 1 |

第１章　スマホでできる！クイック・データ分析を使った学級経営　37

生徒の中立的な回答の割合は，37÷（95+37）×100＝28％ です。この割合が理論的な割合20％より有意に大きいかを検定します。

② $p$ 値を計算する

js-STAR アプリの１×２表（母比率不等）を使って求めます。

以下のように入力して，「計算！」ボタンをクリックすると，結果が出力されます。

③ $p$ 値の大きさを評価する

$p$ 値は，$p = 0.0167$（片側確率）として出力されています。$p$ 値が10％未満だったので，質問教室の実施について「どちらともいえない」と回答した生徒がそれ以外の回答をした生徒より多いと判断することができます。つまり，質問教室に対して，学習に役立っているか，役に立っていないかの判断ができない生徒が多いことがわかります。

肯定的な回答が肯定的ではない回答より有意に多かったという結果の一方

で，「どちらともいえない」という中立的な回答がそうでない回答よりも有意に多いという結果となりました。

このような場合は，質問教室について生徒は肯定的であると考えるよりも，まだ質問教室の良さを決めかねていると考えるのが現実的です。「どちらともいえない」と回答した37人が今後，肯定側になるのか否定側になるのかによって，質問教室の是非が大きく変わる可能性が高いからです。

生徒が質問教室についてどのように感じているかを聞き取ったり，記述させたりして，具体的な改善策を考えていくとよいでしょう。

### □選択肢の併合

１×２表（正確二項検定）と１×２表（母比率不等）では，ハイ・イイエのどちらかしか起こらない，ＡかＢのどちらかしか起こらないといった２択の事象を分析することになります。このように２つの場合しか起こらない事象をベルヌーイ試行と呼びます。

しかし，アンケート調査などでは，選択肢が２つとは限りません。そこで，選択肢を併合することで，１×２表（正確二項検定）や１×２表（母比率不等）を使って分析できるようになります。

特に，どちらともいえないという中立的な回答がある場合に，いくつかの方法が考えられます。

| ハイ | どちらともいえない | イイエ |
|---|---|---|
| 16 | 3 | 5 |

## 【純肯定率評価法】

肯定的な回答（ハイ）が否定的な回答（イイエ）よりも多いのかに注目する（あるいは，その逆）ので，中立的な回答（どちらともいえない）を除いて，1×2表（正確二項検定）で分析します。

| ハイ | イイエ |
|---|---|
| 16 | 5 |

## 【意味づけ併合法】

中立的な回答（どちらともいえない）は積極的な肯定的な回答ではないと意味づけて，中立的な回答（どちらともいえない）と否定的な回答（イイエ）を併合し，1×2表（母比率不等）で母比率1：2として分析します。

| ハイ | どちらともいえない | イイエ |
|---|---|---|
| 肯定的な回答 | 肯定的ではない回答 | |
| 16 | 8 | |

また，中立的な回答（どちらともいえない）に対して，肯定的な回答（ハイ）否定的な回答（イイエ）を併合し，1×2表（母比率不等）で母比率1：2として分析します。

中立的な回答が中立的ではない回答より有意に多い場合には，回答者は判断を決めかねていると考えることができるので，今後の取組をより慎重に進めることができるでしょう。

| どちらともいえない | ハイ | イイエ |
|---|---|---|
| 中立的な回答 | 中立的ではない回答 | |
| 3 | 21 | |

**実践事例⑦　質問教室は役に立つか？(2)**

**状況を把握する事例：** 授業づくり

## 事例

　質問教室は役に立つか？のQ1の結果から，「どちらともいえない」という中立的な回答の生徒が多いことがわかりました。Q2の回答には「わからないところを先生に聞ける」の他に，「友達と相談しながらできる」「学習時間が確保できる」といった回答があり，個々の生徒によって「質問教室」に対して感じているメリットが違うということが明らかになりました。質問教室は本来，先生に質問するための時間として設定したものであり，生徒の学習時間の確保や，生徒同士の教え合いを促すために設定したものではありません。この結果を受けて一部の教員から「生徒のニーズに合わせて運用の仕方を変えていくべきではないか」という声も上がりました。

　一方で，「相談している人がうるさくて集中できない」「自宅に帰って学習したほうが集中できる」などの回答もあることから，前述のメリットを享受できていない生徒も一定数いることがうかがえました。

　そこで，自由記述に表れた三つのメリットについて追加のアンケート調査を行い，質問教室に対する生徒のニーズを把握することで，今後の運用の仕方について検討することとしました。

◆質問教室について，次の要素があなたの学習の役に立っていますか。
(1)　先生に質問することができる
(2)　友達と相談することができる
(3)　学習の時間を確保することができる

4 「とても役に立っている」

3 「少し役に立っている」

2 「あまり役に立っていない」

1 「まったく役に立っていない」

　今後の運用について，生徒のニーズのどこにフォーカスするかを検討するための調査なので，中立的な回答をなくし，四件法で回答を求めることとしました。

## 📊 分析の実行：1×2表（正確二項検定）

① 結果を表にまとめる

　回答結果は，以下のようになりました。

|  | 4とても役に立っている | 3少し役に立っている | 2あまり役に立っていない | 1まったく役に立っていない |
|---|---|---|---|---|
| (1)先生に質問することができる | 31 | 46 | 54 | 1 |
| (2)友達と相談することができる | 69 | 25 | 30 | 8 |
| (3)学習の時間を確保することができる | 17 | 53 | 58 | 4 |

　「4」「3」を肯定的な回答とし，「2」「1」を否定的な回答としてまとめると，以下の表のようになりました。

|  | 肯定的な回答 | 否定的な回答 |
|---|---|---|
| (1)先生に質問することができる | 77（58.3%） | 55（41.7%） |
| (2)友達と相談することができる | 94（71.2%） | 38（28.8%） |
| (3)学習の時間を確保することができる | 70（53.0%） | 62（47.0%） |

② $p$ 値を計算する

　js-STAR アプリの1×2表（正確二項検定）を使って求めます。

　それぞれの分析結果は，以下のようになりました。

|  | 肯定的な回答 | 否定的な回答 | $p$ 値 | 判定 |
|---|---|---|---|---|
| (1)先生に質問することができる | 77 | 55 | $p = 0.0336$ | 有意 |
| (2)友達と相談することができる | 94 | 38 | $p = 0.0000$ | 有意 |
| (3)学習の時間を確保することができる | 70 | 62 | $p = 0.2713$ | n.s. |

③ $p$ 値の大きさを評価する

　「先生に質問することができる」，「友達と相談することができる」の設問において，肯定的な回答数が否定的な回答数より多かったと言えます。

　一方で，「学習の時間を確保することができる」の設問では，肯定的な回答の数が否定的な回答の数を上回ってはいるものの，有意な差があるとは言えません。

　以上のような結果をもとに，教員で今後の質問教室の在り方について，話し合うことが重要です。

　質問教室の時間は今後も確保しつつ，先生に質問するほか，生徒同士の教え合いを奨励する場として運用していくことなどが考えられるでしょう。

　しかし，「自宅に帰って学習したほうが集中できる」「相談している人がうるさくて集中できない」という自由記述から，そういった生徒への対応として，質問教室は自由参加の場とし，静かに学習したい生徒のために特別教室を開放するなどの改善が考えられます。

**実践事例⑧** わたしたちの相談を，ちゃんと聞いてくれる先生がいるか？

### 状況を把握する事例： 児童生徒理解

### 📁 事例

学級担任だけでなく，校内に自分の話を聞いてくれる先生がいることは児童生徒の安心感につながります。学校全体で，児童一人一人に声がけを行ったり，教育相談週間を設けたりして，相談しやすい学校づくりを行っています。

「わたしたちの相談を，ちゃんと聞いてくれる先生がいるか」というアンケートを行い，「ハイ・イイエ」で回答してもらいました。その結果，ハイが22人，イイエが8人でした。ハイの人数が80％以上となることを目標としていたのですが，ハイの割合は約73％と目標値を下回ってしまいました。

何か新しい取組を行う必要があるでしょうか。

### ❗ 考え方

目標が80％なので，ハイ・イイエと回答する比率を1：1ではなく，80：20として $p$ 値を求め，判断します。

### 📊 分析の実行：1×2表（母比率不等）

① 結果を表にまとめる

| ハイ | イイエ |
|---|---|
| 22 | 8 |
| 母比率1 | 母比率2 |
| 80 | 20 |

② p値を計算する

　js-STARアプリの1×2表（母比率不等）を使って求めます。

　以下のように入力して，「計算！」ボタンをクリックすると，結果が出力されます。

③ p値の大きさを評価する

　p値は，p＝0.2392（片側確率）として出力されています。p値が10％より大きかったので有意な差があるとは言えないと判断できます。つまり，ハイ73％は目標80％より大きく差がついた結果とは言えません。この結果から，すぐに新しい取組を考えるのではなく，現在行っている声がけや教育相談などを継続すると判断することができます。

　しかし，相談できる先生がいないと感じている児童がクラスの3分の1弱である8名いることから，そういった児童が困ったときに誰に相談しているのかについて調査することも必要です。

## 実践事例⑨　県平均と比べて肥満傾向の生徒が多いのか？

### 状況を把握する事例：児童生徒理解

#### 事例

本校の1年生の肥満傾向の生徒は，100人中14人で，肥満傾向率は14％でした。

一方，本県の肥満傾向率（学校保健統計調査）は，9.24％でした。

本校の1年生の肥満傾向率14％は，本県の肥満傾向率9.24％よりも大きいと考える必要があるでしょうか。

#### 考え方

本県の肥満傾向率9.24％を母比率として，1×2表：母比率不等を用いて分析を行います。

#### 分析の実行：1×2表（母比率不等）

① 結果を表にまとめる

|  | 観測値1：<br>肥満傾向である | 観測値2：<br>肥満傾向でない |
|---|---|---|
| 観測数：本校中学1年生（人数） | 14 | 86 |
| 母比率：本県（％） | 9.24 | 90.76 |

② $p$値を計算する

js-STARアプリの1×2表：母比率不等を使って求めます。

以下のように入力して,「計算！」ボタンをクリックすると,結果が出力されます。

③ *p*値の大きさを評価する

　*p*値は, *p*＝0.0765（片側確率）として出力されています。

　*p*値が10％未満だったので,本校の1年生の肥満傾向率14％は県平均の9.24％を大きく上回っていると判断することができます。

　このことから,肥満傾向にある生徒への食事や運動指導はもちろんですが,学年単位での生活習慣指導についても取組を検討するとよいかもしれません。

　また,男子と女子で肥満傾向率が大きく違うので,男女別に分析を行って,学年の傾向を把握することもできます。

観測値 | と 2 には任意の数値が入ります。

母比率は A 県の例です。

|  | 観測値 | ：<br>肥満傾向である | 観測値 2：<br>肥満傾向でない |
| --- | --- | --- |
| 観測数：本校中学 | 年生男子（人数） |  |  |
| 母比率：本県（％） | 10.47 | 89.53 |

|  | 観測値 | ：<br>肥満傾向である | 観測値 2：<br>肥満傾向でない |
| --- | --- | --- |
| 観測数：本校中学 | 年生女子（人数） |  |  |
| 母比率：本県（％） | 7.99 | 92.01 |

参考資料：令和 4 年度　学校保健統計調査都道府県別肥満傾向時の出現率

※　政府統計の総合窓口（e-Stat）のホームページより


## □全国平均と自分のクラスを比較する

　全国や都道府県また市町村などの大きな集団の調査から求められた〇〇率と自分のクラスを比較するということがよく行われています。

　しかし、 | クラスは多くても30名程度なので、 | 人の違いで大きく割合が変化します。そのまま比較して、高い低いと判断するよりも、 | × 2 表：母比率不等を使って、全国平均と有意な差があるかを判定するとよいでしょう。

　例えば、全国の正答率が65.4％の問題について、30人のクラスで正答した児童は18人、つまり、正答率が60％だったとします。

　全国の正答率よりも 5 ％以上低くなってしまいました。 | × 2 表：母比率不等で分析した結果は、$p = 0.3281$（片側確率）となり有意ではありませんので、全国の正答率と比べて明らかに低いと判断する必要はないようです。

　この判断ができれば、低い＝復習や宿題で補うといったことに時間を使わず、本当にやるべきことに集中することができるでしょう。

**実践事例⑩　保護者からの信頼は得られているか？（保護者アンケート編）**

## 状況を把握する事例： 保護者対応

### 事例

学期末，学校評価を実施して保護者から様々なご意見をいただきます。

「学校の職員は親身になって相談にのってくれる」というアンケート項目について，「とてもそう思う」64人，「そう思う」12人，「あまりそう思わない」10人，「思わない」2人という結果となりました。

「とてもそう思う」「そう思う」という肯定的な回答の合計は76人で肯定率は86.4%となりました。否定的な回答もありますが，達成目標である80%を大きく上回っていると判断してもよいでしょうか。

### 考え方

肯定的な回答が80%となることを達成目標として，自動評価判定（グレード付与）を用いて分析を行います。

### 分析の実行：自動評価判定（グレード付与）

① 結果を表にまとめる

| 4 とてもそう思う | 3 そう思う | 2 あまりそう思わない | 1 思わない |
|---|---|---|---|
| 64 | 12 | 10 | 2 |

② 結果を計算する

js-STAR アプリの自動評価判定（グレード付与）を使って求めます。

以下のように入力して,「計算!」ボタンをクリックすると,結果が出力されます。

③ 結果をみる

| 4 とてもそう思う | 3 そう思う | 2 あまりそう思わない | 1 思わない |
|---|---|---|---|
| 64 | 12 | 10 | 2 |

| 肯定的な回答 | 否定的な回答 | 合計 |
|---|---|---|
| 76 | 12 | 88 |

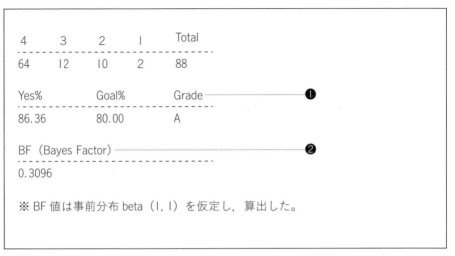

❶は肯定的な回答の割合（Yes％）と達成目標（Goal％）と評価グレードです。達成目標を80％と設定したとき，肯定的な回答の割合（Yes％）が86.36％（肯定的な回答（76）÷合計（88））だと，評価グレードはAとなります。

❷のBFはベイズファクタという統計量を表しており，この値と肯定的な回答の割合をもとに，評価グレードを以下のように定義しています。

S：達成目標以上の段階にある（BF＞1，かつ純肯定率＞80％）
A：達成目標に達した（BF≦1，かつ純肯定率≧80％）
B：達成目標に近い段階にある（BF≦1，かつ純肯定率＜80％）
C：達成目標より低い段階にある（BF＞1，かつ純肯定率＜80％）
D：達成目標より相当低い段階にある（BF＞3，かつ純肯定率＜80％）
－：下位段階に近接している（BF＞20の場合，－（マイナス）を付加）
？：中立的な回答が過多なので評価保留を勧める

肯定的な回答は約86％で達成目標である80％を上回っており，達成目標に達していると判断することができます。つまり，学校の職員は親身になって

相談に乗っていると考えることができます。

　しかし，達成目標以上の段階にあるとは判断できませんでした。

　否定的な回答をした保護者が12名（14％）あることから油断せず，さらに丁寧に保護者の話を聞いていく必要があるでしょう。

### □ $p$ 値は差の大きさを表さない

　$p$ 値が5％未満だった場合と1％未満だった場合，1％未満の方が2値の差が大きいと考えるのは間違いです。具体例で考えてみましょう。

| 例1 | |
|---|---|
| 観測値1 | 観測値2 |
| 30 | 18 |
| (0.6250) | (0.3750) |

$p = 0.0557$（片側確率）

| 例2 | |
|---|---|
| 観測値1 | 観測値2 |
| 98 | 72 |
| (0.5765) | (0.4235) |

$p = 0.0274$（片側確率）

　例2の方が例1と比べて $p$ 値は小さいですが，観測値1と観測値2の比率の差は例1の方が例2より大きくなっています。

　$p$ 値とは，帰無仮説の下で得られたデータがどれくらいの確率で起こるのかを示しているだけで，実際の差の大きさや効果の程度を表すものではありません。

　そこで効果の大きさを表す様々な方法が考えだされました。

　その一つがベイズファクタという統計量です。

　この書籍ではベイズファクタの詳しい説明は省きますが，ベイズファクタを使うことで効果の大きさ，つまり，評価のグレード付けをするというのが，自動評価判定（グレード付与）です。

　この分析方法は，筆者らのオリジナルです。

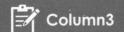

## Column3　ベイズファクタ（Bayes Factor）

　ベイズファクタは，見いだされた効果の大きさを表す統計量です。ベイズ（Bayes,Thomas）は18世紀の古典的統計学者の名前です。効果の大きさ（effect size）を表す指標はいくつかありますが，ベイズファクタはベイズ統計に基づいた数理的に最も直接的な指標とされます。

　本文の例題では，純肯定率の比率86.36％について帰無仮説［純肯定率＝80％］による予想確率（0.0363）と，対立仮説［純肯定率≠80％］の予想確率（0.0112）の比が，ベイズファクタの値になります。対立仮説を分子にとり，BF＝0.0112／0.0363＝0.310となり，js-STARの画面に表示されています。

　このBF＝0.310は帰無仮説の予想よりも対立仮説の予想が0.310倍低かったことを表しています。つまり帰無仮説の予想のほうが逆により大きく的中したということです（算出されたBF値を逆数にして1／BF＝1／0.310＝3.226倍も帰無仮説のほうが大きく的中したとわかる）。したがって帰無仮説［肯定率＝80％］のほうが支持され目標値80％が達成されたことになります。そこでグレードAが付与されます。

　このようにBF値は，BF＝1なら対立仮説と帰無仮説の的中率は同等ですが，BF＞1なら対立仮説が有力，BF＜1なら帰無仮説が有力と解釈することができます。これを利用して本文中にあるようなグレード付けを行っているわけです。

　従来$p$値は，このような帰無仮説の採択が不可能でしたが，BF値によってそれが可能になったことがベイズファクタの利点です。

　　　　　　　　　　　　　　　　　　　　　　　　　　（田中　敏）

**実践事例⑪　学校の様子は保護者に伝わっているか？**

**状況を把握する事例：** 保護者対応

### 事例

　1学期末に実施した「学校だよりなどを通じて，学校の様子が伝わっている」というアンケート項目について，保護者168人から「とてもそう思う」49人，「そう思う」63人，「あまりそう思わない」31人，「思わない」25人という結果を得ました（回収率95％）。「とてもそう思う」「そう思う」という肯定的な回答の合計は112人で肯定率は66.7％となり，達成目標である80％を大きく下回りました。

　そこで2学期は，学校だよりや学年だよりだけでなく，ホームページに各学年の学校生活の様子を定期的にアップする取組を行いました。

　その結果，2学期末に実施した同様のアンケートでは，保護者170人から「とてもそう思う」63人，「そう思う」74人，「あまりそう思わない」23人，「思わない」10人という結果を得ました（回収率97％）。「とてもそう思う」「そう思う」という肯定的な回答の合計は137人で肯定率は80.5％となり，達成目標である80％を少し上回りました。

　保護者に学校の様子を伝える取組は成果があったと考えてよいでしょうか。

### 考え方

　「とてもそう思う」「そう思う」を肯定的な回答，「あまりそう思わない」「思わない」を否定的な回答として集計し，1学期と2学期で比較します。

## 📊 分析の実行：2×2表（Fisher's exact test）

① 結果を表にまとめる

|  | 4 とてもそう思う | 3 そう思う | 2 あまりそう思わない | 1 思わない |
|---|---|---|---|---|
|  | 肯定的な回答 || 否定的な回答 ||
| 1学期 | 112 || 56 ||
| 2学期 | 137 || 33 ||

② $p$ 値を計算する

js-STAR アプリの 2×2 表（Fisher's exact test）を使って求めます。以下のように入力して，「計算！」ボタンをクリックすると，結果が出力されます。

|        | 観測値 1   | 観測値 2   |
| ------ | -------- | -------- |
| 群 1    | 112      | 56       |
|        | (0.6667) | (0.3333) |
| 群 2    | 137      | 33       |
|        | (0.8059) | (0.1941) |

両側検定：p=0.0044　**（p<.01）

片側検定：p=0.0026　**（p<.01）

連関係数：Phi=0.151（イエーツの補正適用）

効果量：h =-0.3184

（大 =0.8，中 =0.5，小 =0.2）

③　$p$ 値の大きさを評価する

　片側検定：$p=0.0026$**（$p<.01$）として出力されています。

　$p$ 値が10％未満だったので，取組の成果があったと判断することができます。

　保護者アンケートは無記名で行われることも多いので，1学期と2学期の回答を対応づけることができません。

　その場合には，対応のないデータとして，2×2表（Fisher's exact test）を用いて分析します。

　記名式のアンケートで，データの対応づけができるのであれば，否定的な回答から肯定的な回答になった人数と肯定的な回答から否定的な回答になった人数を使って，サイン検定（p 23参照）を行うこともできます。その場合，1学期と2学期で回答が変わらなかった人数と1学期あるいは2学期のどちらかに回答していない人数（対応できないので）は除きます。

## 実践事例⑫ 否定的な回答，本当に増えたと言える？（児童アンケート編）

取組の成果を評価する事例： 集団づくり

### 事例

児童アンケート「〇〇小のあいさつはよいですか」のアンケート結果において，1回目（7月）と2回目（12月）で次のような結果となりました。

|  | とてもそう思う | そう思う | あまりそう思わない | そう思わない |
|---|---|---|---|---|
| 1回目 | 42 | 32 | 10 | 2 |
| 2回目 | 38 | 29 | 14 | 5 |

数値として2回目では全体的に肯定的な回答が減り，否定的な回答が相対的に増えています。熱心に指導にあたってきた教員は，この数値の変動に「悪い結果となってしまった」と少し落ち込んでいる様子が見られました。

この結果をどのように考えればよいでしょう。

### 考え方

1回目と2回目の結果において，肯定的な回答と否定的な回答でまとめたものを比較します。

### 分析の実行：2×2表（Fisher's exact test）

① 結果を表にまとめる

回答の「とてもそう思う」「そう思う」を肯定的な回答，「あまりそう思わない」「そう思わない」を否定的な回答と捉えます。

|  | 肯定的な回答 | 否定的な回答 |
|---|---|---|
| 1回目（7月） | 74 | 12 |
| 2回目（12月） | 67 | 19 |

② $p$ 値を計算する

js-STAR アプリの２×２表（Fisher's exact test）を使って求めます。

以下のように入力して，「計算！」ボタンをクリックすると，結果が出力されます。

③ $p$ 値の大きさを評価する

片側検定：$p$ =0.1168ns（.10＜$p$）として出力されています。$p$ 値が10％未満ではなかったので，１回目よりも肯定的な回答の人数が少なくなったとは積極的に判断することはできません。

しかし，取り組んできた事柄に関して大きな成果を挙げられていないのも，また一つの事実です。教員全員で振り返りを行い，「〇〇の取組は良かった」「次回は〇〇と関連させて地域と関わる良さや，愛着を育むのはどうか」など，それぞれの取組の良さを活かしたり，大胆に新たな方策を練ったりする判断材料に活かす転換が大切です。

**実践事例⑬　2つのクラスのテスト結果に違いはあるか**

## 状況を把握する事例： 授業づくり

### 📁 事例

1組と2組で同じテストを実施したところ，合格点を80点としていましたが，1組の平均点は82.5点，2組の平均点は79.3点でした。

2つのクラスのテスト結果に違いがあると言えるでしょうか。

### 考え方

80点以上を合格として各クラスの合格者と不合格者の人数を集計して比較します。

### 分析の実行：2×2表（Fisher's exact test）

① 結果を表にまとめる

|  | 合格者（人） | 不合格者（人） |
| --- | --- | --- |
| 1組 | 25 | 8 |
| 2組 | 21 | 13 |

② $p$ 値を計算する

js-STAR アプリの2×2表（Fisher's exact test）を使って求めます。

次頁のように入力して，「計算！」ボタンをクリックすると，結果が出力されます。

第1章　スマホでできる！クイック・データ分析を使った学級経営

③ $p$ 値の大きさを評価する

　本来なら両側検定を使いますが，探索発見型の研究では片側検定を用います。片側検定：$p$ =0.1659として出力されています。$p$ 値が10％未満ではなかったので，1組のほうが2組よりも合格者の割合が大きいとは判断することはできません。

　これで，2組の生徒にもっと勉強しなさいと余計なプレッシャーをかけずに済みます。

　なお，仮説検証型の分析では有意水準 $\alpha=0.10$ の両側検定とした場合，便宜的に倍の20％をもって $p$ 値を判定します。この例では両側検定：$p$ =0.2938＞0.20ですので，結局，有意ではありません。

　2×2表の $p$ 値は両端対称ではないので，実はこのように両側検定として出力された $p$ 値を見るのが厳密ですが，非対称を許容範囲とみなせば探索発見型の分析として上述のように一貫して片側検定を適用するほうが効率的であり目的本位です。

## □平均の差の検定

2つの平均に差があるかを検定する方法として，t検定があります。

ブラウザ版のjs-STARを使えば，t検定を行うことができますが，データの入力がやや複雑になります。

t検定は，テスト得点をそのままデータとして分析するので，より精度の高い分析結果を得ることができます。

一方で，基準を設定して，合否の人数を集計すると，基準よりどれくらい離れているかという情報が欠落してしまう（90点も81点もどちらも同じ合格者としてカウントされる）という欠点があります。

しかし，合否の人数を集計し，手軽に検定してみることで，次のアクションを起こしやすくなるでしょう。

データをいつまでも眠らせておくより，すばやく活用して判断し，次のアクションを起こすことが今，望まれているのです。

実践事例⑭　自然教室のレクリエーションは？

💬 状況を把握する事例： 児童生徒理解

## 📁 事例

2泊3日で自然教室に出かけます。
生徒100人に当日可能なレクリエーションについて好みを聞きました。
レクリエーション別の人数には差があると言えるでしょうか。

## ❗ 考え方

レクリエーション別の人数を集計して比較します。

## 📊 分析の実行：カイ二乗検定 i×J 表

① 結果を表にまとめる

| オリエンテーリング | 大縄跳び | ジェスチャーゲーム | 工作 |
|---|---|---|---|
| 26 | 28 | 17 | 29 |

② $p$ 値を計算する

js-STAR アプリのカイ二乗検定 i×J 表を使って求めます。
次頁のように入力して，「計算！」ボタンをクリックすると，結果が出力されます。

### ③ *p*値の大きさを評価する

　カイ二乗検定では，実測値と期待値から全体のずれを計算します。

　<u>実測値</u>とは，実際に各レクリエーションを選んだ人数です。今，生徒のレクリエーションの好みには差がないと仮定すると，4つのレクリエーションとも25人になると考えられます。これを<u>期待値</u>と言います。

　上段が，各レクリエーションを選んだ人数で，下段は期待される人数を表します。

　そして，実測値と期待値を使って<u>カイ二乗値</u>を求めます。このカイ二乗値が大きいほど，全体のずれが大きいことになります。

　カイ二乗値の求め方は次ページを参照してください。

```
「カイ二乗検定の結果」
（上段実測値，下段期待値）
26       28       17       29
25.000   25.000   25.000   25.000
x2（3）=3.600, ns ……………………❶
```

```
       x2（3）＝    3.600     , ns  ……………………●
         ↑         ↑        ↑
        自由度   カイ二乗値  有意判定
```

<u>自由度</u>とはカイ二乗値の大きさを判断するための指数です。基本的には，表が大きいほど，自由度も大きくなります。

$p$ 値が10％より大きかったので，有意判定が ns となっています。

つまり，レクリエーションごとの好みの人数には偏りがなかったと考えられます。

１×２表や２×２表では正確な $p$ 値が出力されますが，js-STAR のカイ二乗検定では正確な $p$ 値は出力されません。p 20の表を参照してください。

### □カイ二乗値の求め方

黒いバーは，各レクリエーションの期待値からのずれを表します。

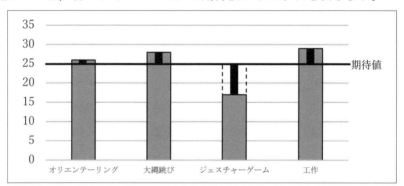

全体のずれを表すのに用いる統計量が，カイ二乗値です。
計算方法は以下の通りです。

$$カイ二乗値 = \frac{(実測値 - 期待値)^2}{期待値の合計}の合計$$

$$\frac{(26-25)^2}{25} + \frac{(28-25)^2}{25} + \frac{(17-25)^2}{25} + \frac{(29-25)^2}{25} = 3.6$$

## 実践事例⑮ スマートフォン利用時間は男女で差がある？

### 状況を把握する事例： 家庭生活

### 事例

今やスマートフォンを使っている生徒がほとんどです。しかし，それによるトラブルも増えているのが現状です。

特に，女子が夜遅くまでSNSを利用して睡眠時間が短くなり，登校後に体調不良を訴える生徒が多いのではないかと養護教諭から指摘がありました。そこで，家庭での一日のスマートフォンの利用時間を調査し，男女に差があるのか実態把握することにしました。

### 考え方

テスト期間中ではない1週間を調査期間として，日曜日から土曜日までの7日間の利用時間を記録させ，平均利用時間を計算します。

中学生の一日の利用時間は平均2〜3時間ということがスマートフォン利用実態調査などから明らかになっているので，1時間未満，2時間未満，2時間以上に分類します。

### 分析の実行：カイ二乗検定 i×J表

① 結果を表にまとめる

|  | 1時間未満 | 2時間未満 | 2時間以上 |
|---|---|---|---|
| 男子 | 12 | 31 | 21 |
| 女子 | 6 | 17 | 46 |

② *p*値を計算する

js-STARアプリのカイ二乗検定 i × J 表を使って求めます。

以下のように入力して、「計算！」ボタンをクリックすると、結果が出力されます。

③ *p*値の大きさを評価する

❶の下線が引かれた部分に、カイ二乗値とその*p*値が表示されます。

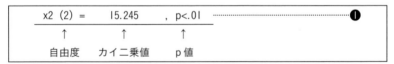

*p*値が10％未満なので有意となります。つまり、男女別利用時間には偏りがあると判断できます。

しかし、男女別利用時間には偏りがあることがわかりましたが、どの利用時間が多いか少ないかは、これだけではわかりません。そこで、❷の残差分析の結果を見てみましょう。スクロールすると見ることができます。

```
「カイ二乗検定の結果」
（上段実測値，下段期待値）
--------------------
12       31      21
8.662    23.098  32.241
--------------------
6        17      46
9.338    24.902  34.759


x2(2)=   15.245,  p<.01 …………………………… ❶
Cramer's V =0.339


「残差分析の結果」
（上段調整された残差，下段検定結果）
--------------------
1.694    2.856   -3.902
+        **      **
--------------------
-1.694   -2.856  3.902
+        **      **


+p<.10  *p<.05  **p<.01
「実測値と残差分析の結果」 …………………… ❷
----------------
12    31▲     21▽
6     17▽     46▲
----------------
（▲有意に多い，▽有意に少ない，p<.05）
```

　男子は２時間未満が多く，女子は２時間以上が多いことがわかります。女子のほうが男子よりも長時間スマートフォンを利用していることが明らかになりました。登校後に体調不良を訴える要因として，スマートフォンの長時間利用が考えられます。

　このことを受けて，養護教諭と連携し，授業参観のときに「スマートフォ

ンと健康被害」について親子学習会を実施することにしました。

　男女別に利用時間を比較するだけでなく，以下のように学年別に比較して，学年が上がるごとに利用時間が増えているのかを調べることもできます。

| | 1時間未満 | 2時間未満 | 2時間以上 |
|---|---|---|---|
| 3年生 | 25 | 61 | 49 |
| 2年生 | 18 | 48 | 67 |
| 1年生 | 22 | 70 | 44 |

**実践事例⑯　授業の進め方,子どもたちに合っている?**

## 状況を把握する事例： 授業づくり

### 📁 事例

中学校は教科担任制で授業が行われるため,複数の学級の授業を担当することになります。どの学級も同じように授業を進めているつもりでも,学級の実態によって生徒の反応は変化します。そのため,それぞれの学級の実態に合わせた授業を行うことが求められます。これまでに一斉講義形式の授業やペア学習,グループ学習,単元内自由進度学習など,様々な方法に取り組んできました。果たしてどの方法が子どもたちにとって学びやすい授業だったのでしょうか。学級ごとの傾向を知りたいと考え,生徒にアンケートを実施し,どの学習方法が学びやすいのかを調べ,分析することにしました。

### ❗ 考え方

学習方法による学びやすさに学級ごとの傾向があったのかどうか,カイ二乗検定で求めます。

### 📊 分析の実行 I：カイ二乗検定 i×j表

① 結果を表にまとめる

|  | 学習方法1：<br>先生の話を聞いて<br>学習する | 学習方法2：<br>ペアやグループで<br>学習する | 学習方法3：<br>自分のペースで<br>学習する |
|---|---|---|---|
| A組 | 6 | 17 | 12 |
| B組 | 8 | 6 | 20 |
| C組 | 4 | 21 | 10 |

② $p$ 値を計算する

js-STAR アプリのカイ二乗検定 i × J 表を使って求めます。

以下のように入力して,「計算！」ボタンをクリックすると,結果が出力されます。

❶の部分に,カイ二乗値とその $p$ 値が表示されます。

$p$ 値が10％未満なので有意となります。つまり,クラス別の学習方法には偏りがあると判断できます。

しかし,クラス別の学習方法には偏りがあることがわかりましたが,どの学習方法が多いか少ないかは,これだけではわかりません。そこで,❷の残差分析の結果を見てみましょう。

「カイ二乗検定の結果」
（上段実測値，下段期待値）
------------------------
6       17      12
6.058   14.808  14.135
------------------------
8       6       20
5.885   14.385  13.731
------------------------
4       21      10
6.058   14.808  14.135


x2(4)=   13.656,  p<.01 ················· ❶
Cramer's V =0.256

「残差分析の結果」
（上段調整された残差，下段検定結果）

-0.032   0.921    -0.903
ns       ns       ns
------------------------
1.169    -3.548   2.671
ns       **       **
------------------------
-1.129   2.601    -1.749
ns       **       +

+p<.10   *p<.05   **p<.01

「実測値と残差分析の結果」················· ❷
------------------------
6     17     12
8     6▽    20▲
4     21▲   10
------------------------
（▲有意に多い，▽有意に少ない，p<.05）

|   | 学習方法１：<br>先生の話を聞いて<br>学習する | 学習方法２：<br>ペアやグループで<br>学習する | 学習方法３：<br>自分のペースで<br>学習する |
|---|---|---|---|
| A組 | 6 | 17 | 12 |
| B組 | 8 | 6▽ | 20▲ |
| C組 | 4 | 11▲ | 10 |

　B組は「学習方法３：自分のペースで学習する」が多く、「学習方法２：ペアやグループで学習する」が少ない。C組は，「学習方法２：ペアやグループで学習する」が多いということがわかります。

### 📊 分析の実行２：カイ二乗検定 i × J 表

　カイ二乗検定は，全体のデータに偏りがあるかをカイ二乗値を用いて $p$ 値を求めて検定したもので，残差分析の結果は，全体のデータに偏りがあったと判定された場合，どの値が全体の偏りに大きく影響を与えているかを示したものです。

　そのため，残差分析の結果は，個々のクラスにおいてのデータの偏りとは必ずしも一致しない場合があります。

　例えば，A組では，残差分析の結果，有意である学習方法はありませんが，データをよく見ると，学習方法１と学習方法２には差があるようにも思えます。そこで，A組のデータだけで，カイ二乗検定を行ってみましょう。

① 結果を表にまとめる

|   | 学習方法１： | 学習方法２： | 学習方法３： |
|---|---|---|---|
| A組 | 6 | 17 | 12 |

② ｐ値を計算する

js-STAR アプリのカイ二乗検定 ｉ×Ｊ表を使って求めます。

以下のように入力して，「計算！」ボタンをクリックすると，結果が出力されます。

③ ｐ値の大きさを評価する

❶よりｐ値が10％未満なので有意となります。つまり，Ａ組の生徒が学びやすいと考える学習方法には偏りがあると判断できます。

しかし，学習方法には偏りがあることがわかりましたが，どの学習方法が多いか少ないかは，これだけではわかりません。そこで，❷❸の多重比較の結果を見てみましょう。

❸を例に説明します。

「カイ二乗検定の結果」
（上段実測値，下段期待値）

```
------------------------------------
6               17        12
11.667    11.667    11.667
------------------------------------
```

x2（2）　　=5.200,　　.05<p<.10·················❶

■観測値を並替（昇順）
観測値1（6）＜観測値3（12）＜観測値2（17）

== ライアンの名義水準を用いた多重比較 ==·················❷
　（有意水準 alpha=0.05とします）

```
------------------------------------
セル比較　臨界比　　検定　　　　　名義水準
------------------------------------
1=2    2.08514   n.s.p=0.03706    0.01667
1=3    1.17851   n.s.p=0.23859    0.03333
3=2    0.74278   n.s.p=0.45761    0.03333
------------------------------------
1=2    2.08514   n.s.p=0.03706    0.01667
1=3    1.17851   n.s.p=0.23859    0.03333
2=3    0.74278   n.s.p=0.45761    0.03333
------------------------------------
```

==BH 法を用いた多重比較 ==·················❸
　（有意水準 alpha=0.05とします）

```
------------------------------------
セル比較　片側検定　調整後確率（調整前）
------------------------------------
1=2    n.s   p=0.05203    (0.01734)
1=3    n.s   p=0.17841    (0.11894)
2=3    n.s   p=0.22913    (0.22913)
------------------------------------
1=2    n.s   p=0.05203    (0.01734)
1=3    n.s   p=0.17841    (0.11894)
2=3    n.s   p=0.22913    (0.22913)
------------------------------------
```

==BH法を用いた多重比較 == ·········································❸
（有意水準 alpha=0.05とします）
--------------------------------------------
セル比較　　片側検定　調整後確率（調整前）

1=2　　　　n.s　　p=0.05203　（0.01734）
1=3　　　　n.s　　p=0.17841　（0.11894）
2=3　　　　n.s　　p=0.22913　（0.22913）
--------------------------------------------

　３つの学習方法の度数を総当たりで比較しています。

　表の１行目の「1=2　n.s　p=0.05203（0.01734）」は，p値が0.05203だったことを示しています。

　出力は有意水準５％の判定結果なので，n.sと表示されていますが，本書の有意水準10％を基準として判定すれば，有意な差があると考えることができます。

　つまり，「学習方法２：ペアやグループで学習する」が「学習方法１：先生の話を聞いて学習する」と比較して，生徒から支持されていることがわかります。

　しかし，表の２行目の「1=3　n.s　p=0.17841（0.11894）」と表の３行目の「2=3　n.s　p=0.22913（0.22913）」は，有意水準10％以上なので有意ではありません。

　「学習方法１」と「学習方法３」，「学習方法２」と「学習方法３」には有意な差があるとは判断できませんでした。

　このことから，Ａ組の生徒は，ペアやグループで学習することと自分のペースで学習することに違いは見いだせなかったものの，先生の話を聞いて学習するよりは，ペアやグループで学習することを好む傾向があることがわかりました。

　このような現状を踏まえて，様々な授業での学習方法を工夫していくことが，生徒の学習意欲の向上にもつながるでしょう。

　クラス別に分析する以外にも，男女別や成績別にデータを整理して分析す

第１章　スマホでできる！クイック・データ分析を使った学級経営　75

ることで，性別や学力による学習方法の支持の違いがわかれば，さらに細かな支援につなげることもできるかもしれません。

| | 学習方法1 | 学習方法2 | 学習方法3 |
|---|---|---|---|
| 男子 | | | |
| 女子 | | | |

| | 学習方法1 | 学習方法2 | 学習方法3 |
|---|---|---|---|
| 上位 | | | |
| 中位 | | | |
| 下位 | | | |

空欄に自校のデータを入れて分析してみましょう。

## □多重比較について

3つの学習方法のどれが一番生徒に受け入れられているかを考えるとき，学習方法1と2，学習方法2と3，学習方法1と3の3つの組み合わせを比較することになります。

このように，複数回比較すると，偶然による違いを本当の違いと誤って判断する可能性が高くなります。

例えば，10％の確率で当選するくじを1回引く場合の確率は10％ですが，それを複数回引けば当選する確率が上がってしまうのと同様です。

多重比較は，設定した有意水準よりも厳しい基準を使うなどして，そのような誤りを防ぐために考えられた方法で，これにより，結果が正しいかどうか，より信頼できる判断ができます。

ライアンやBHというのは，それぞれ発案した人の名前に基づいています。

**実践事例⑰　忘れ物は月曜日に多いのか？**

## 状況を把握する事例： 授業づくり

### 事例

最近，忘れ物をする児童が多い。特に週の初めの月曜日は，忘れ物が多く，授業に支障がでているように感じられます。そこで，ある1週間の忘れ物をした人数を調べました。

### 考え方

月曜日から金曜日までの5日間で，忘れ物した人数としなかった人数を集計して比較します。

本来は個々の児童の対応情報を活用して分析すべきですが，情報が取得できない場合，近似的にカイ二乗検定を用いることにします。

### 分析の実行：カイ二乗検定 i × j 表

① 結果を表にまとめる

|   | 忘れ物あり（人） | 忘れ物なし（人） |
|---|---|---|
| 月 | 8 | 8 |
| 火 | 4 | 12 |
| 水 | 3 | 13 |
| 木 | 5 | 11 |
| 金 | 1 | 15 |

② $p$ 値を計算する

js-STAR アプリのカイ二乗検定 i × j 表を使って求めます。

第1章　スマホでできる！クイック・データ分析を使った学級経営　77

以下のように入力して，「計算！」ボタンをクリックすると，結果が出力されます．

③ ｐ値の大きさを評価する

カイ二乗検定では，実測値と期待値から全体のずれを計算します．上段が，各曜日の忘れ物をした人数としなかった人数で，下段はそれらの数値から期待される数です．

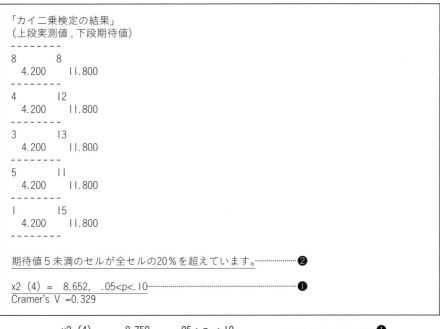

❶より p 値が10％未満で有意でしたが，❷の出力結果を見てみましょう。

<u>期待値5未満のセルが全セルの20％を超えています。</u>

　これは，忘れ物ありの列の期待値が4.200と5未満で，全セルの半分を占めているので，検定方法を再検討したほうがよいということを示しています。

　この事例では，月曜日に忘れ物が多いことを証明したいので，月曜日を単独にし，火曜日から金曜日までを併合して分析してみましょう。

## 📊 分析の実行：2×2表（Fisher's exact test）

① 結果を表にまとめる

|  | 忘れ物あり（人） | 忘れ物なし（人） |
|---|---|---|
| 月 | 8 | 8 |
| 火〜金 | 13 | 51 |

② $p$ 値を計算する

js-STAR アプリの 2×2表（Fisher's exact test）を使って求めます。

右のように入力して、「計算！」ボタンをクリックすると、結果が出力されます。

③ $p$ 値の大きさを評価する

片側検定：$p$ =0.0211*（$p$ < .05）として出力されています。$p$ 値が10%未満だったので、有意だったと判断できます。

|  | 忘れ物あり（人） | 忘れ物なし（人） |
|---|---|---|
| 月 | 8（50.00%） | 8（50.00%） |
| 火〜金 | 13（20.31%） | 51（79.69%） |

月曜日は忘れ物ありの割合が50％なのに対して、火〜金曜日の割合は約20％しかありません。反対に、月曜日は忘れ物なしが50％なのに対して、火〜金曜日の割合は約80％です。

　このことから、月曜日は火〜金曜日と比較して、忘れ物が多いと考えることができ、何か対策をする必要性があるでしょう。

　この事例で、忘れ物をした人数だけを曜日別に以下のように入力して分析してはいけません。忘れ物をした人に対して、どれだけしていない人がいるかによって分析結果が大きく変わってくるからです。

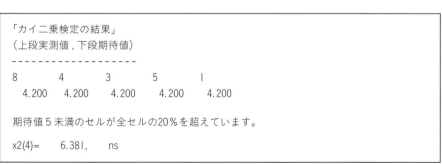

**実践事例⑱　校内研究で何に力を入れる？**

### 状況を把握する事例： 授業づくり

#### 事例
　学校の校内研究のテーマは「協同的に学び，確かな学力を身に付ける児童の育成～国語科における読むことの指導の充実を通して～」です。4月はじめに学級で，国語に関する意識調査を行いました。その結果から，今後の校内研究の進め方について示唆を得たいと考えました。

#### 考え方
　国語に関する意識調査から回答の傾向を調べます。

### 分析の実行：カイ二乗検定 i×J 表
① 結果を表にまとめる

|  | 好き | まあまあ好き | あまり好きではない | 好きではない |
|---|---|---|---|---|
| ①国語の学習は好きか | 4 | 11 | 2 | 2 |
| ②本を読むことは好きか | 9 | 7 | 3 | 0 |
| ③自分が考えたことを誰かに伝えることは好きか | 5 | 7 | 5 | 2 |
| ④友達の考えを聞くことは好きか | 5 | 8 | 5 | 1 |
| ⑤友達と一緒に難しい問題に取り組んだり，答えが一つではない問題について話し合ったりすることは好きか | 12 | 2 | 4 | 1 |

② *p* 値を計算する

　js-STAR アプリのカイ二乗検定 i×J 表を使って求めます。

　以下のように入力して,「計算!」ボタンをクリックすると, 結果が出力されます。

③ *p* 値の大きさを評価する

　カイ二乗値は16.694で, 有意判定が ns だったので, 有意ではありませんでした。

　しかし, 以下のような出力があります。

　実測値0のセルがあります。

　期待値5未満のセルが全セルの20％を超えています。

　これは, 実測値に0があるなどしているので, 検定方法を再検討したほうがよいということを示しています。

　そこで,「あまり好きではない」と「好きではない」を併合して, 再分析することにしてみましょう。

```
「カイ二乗検定の結果」
（上段実測値，下段期待値）
- - - - - - - - - - - - - - - - - - - - - - - - - - -
4          11         2          2
7.000      7.000      3.800      1.200
- - - - - - - - - - - - - - - - - - - - - - - - - - -
9          7          3          0
7.000      7.000      3.800      1.200
- - - - - - - - - - - - - - - - - - - - - - - - - - -
5          7          5          2
7.000      7.000      3.800      1.200
- - - - - - - - - - - - - - - - - - - - - - - - - - -
5          8          5          1
7.000      7.000      3.800      1.200
- - - - - - - - - - - - - - - - - - - - - - - - - - -
12         2          4          1
7.000      7.000      3.800      1.200

実測値0のセルがあります。
期待値5未満のセルが全セルの20％を超えています。

x2(12)=      16.694   ,  ns
Cramer's V =0.242
```

## ④ 結果を表にまとめる

|  | 好き | まあまあ好き | あまり好きではない＋好きではない |
|---|---|---|---|
| ①国語の学習は好きか | 4 | 11 | 4 |
| ②本を読むことは好きか | 9 | 7 | 3 |
| ③自分が考えたことを誰かに伝えることは好きか | 5 | 7 | 7 |
| ④友達の考えを聞くことは好きか | 5 | 8 | 6 |
| ⑤友達と一緒に難しい問題に取り組んだり，答えが一つではない問題について話し合ったりすることは好きか | 12 | 2 | 5 |

⑤ 　*p*値を計算する

　js-STARアプリのカイ二乗検定ｉ×Ｊ表を使って求めます。

　以下のように入力して，「計算！」ボタンをクリックすると，結果が出力されます。

⑥ 　*p*値の大きさを評価する

　❶より*p*値が10％未満だったので，回答には偏りがあると判断できます。しかし，回答には偏りがあることがわかりましたが，どの回答が多いか少ないかは，これだけではわかりません。そこで，❷の残差分析の結果を見てみましょう。

　その結果，⑤友達と一緒に難しい問題に取り組んだり，答えが一つではない問題について話し合ったりすることが好きと答えた児童と①国語の学習がまあまあ好きと答えた児童が多いことがわかりました。

　このようなことから，友達と協同的に学ぶ活動を取り入れた国語の学習を通して，国語が好きと答える児童を増やすことを目標として，今年の校内研修に取り組むことにしました。

「カイ二乗検定の結果」
(上段実測値，下段期待値)
------------------------
4          11          4
7.000      7.000      5.000
------------------------
9          7          3
7.000      7.000      5.000
------------------------
5          7          7
7.000      7.000      5.000
------------------------
5          8          6
7.000      7.000      5.000
------------------------
12          2          5
7.000      7.000      5.000
------------------------
x2(8)=    14.571,    .05<p<.10·······································●1
Cramer's V =0.277

「残差分析の結果」
(上段調整された残差，下段検定結果)
------------------------
-1.595      2.127      -0.582
ns          *          ns
------------------------
1.063      0.000      -1.165
ns          ns          ns
------------------------
-1.063      0.000      1.165
ns          ns          ns
------------------------
-1.063      0.532      0.582
ns          ns          ns
------------------------
2.659      -2.659      0.000
**          **          ns
------------------------
+p<.10      *p<.05      **p<.01

「実測値と残差分析の結果」·······································●2
------------------------
4          11▲          4
9          7          3
5          7          7
5          8          6
12▲          2▽          5
------------------------
(▲有意に多い，▽有意に少ない，p<.05)

**実践事例⑲　振り返り記述の結果は「見た目」よりも「中身」が大事！**

取組の成果を評価する事例： 集団づくり

### 事例

　クラスの良いところをリストアップしていったところ，前期は123個という結果でした。
　ここで，目を向けたいのは児童が見つけたクラスの良いところの質的な部分です。例えば，先生に関する記述が多いのか，友達に関する記述が多いのかを分析することによって，クラスの現状をより客観的に把握できると考えました。

### 考え方

　前期の「クラスの良いところ」に関する記述の内容面に違いがあったのかどうか確認します。

### 分析の実行：カイ二乗検定 i×J 表

① 自由記述のグルーピング

　得られた自由記述をKJ法の要領でまとめてグルーピングした結果，「１友達について」「２当番活動について」「３授業について」「４先生について」の４つのカテゴリーに集約されました。
　自由記述のグルーピングは，教師が行うこともできますし，高学年であれば学級委員などクラス代表などがまとめさせてもよいでしょう。

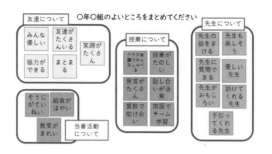

② 結果を表にまとめる

|  | 友達 | 当番活動 | 授業 | 先生 |
|---|---|---|---|---|
| 前期 | 25 | 26 | 23 | 49 |

③ p値を計算する

js-STAR アプリのカイ二乗検定 i×J 表を使って求めます。

以下のように入力して,「計算!」ボタンをクリックすると,結果が出力されます。

④　$p$ 値の大きさを評価する

　　カイ二乗値は14.593で，$p$ 値が10%未満だったので有意でした。

　　つまり，集計された表の各カテゴリーの数には偏りがあると判断できます。しかし，集計表全体には偏りがあることがわかりましたが，どのカテゴリーが多いか少ないかは，これだけではわかりません。そこで，多重比較の結果を見てみましょう。

```
「カイ二乗検定の結果」
（上段実測値，下段期待値）
- - - - - - - - - - - - - - - - - - - - - - - - -
25        26        23        49
30.750    30.750    30.750    30.750
- - - - - - - - - - - - - - - - - - - - - - - - -
x2（3）=    14.593,    p<.01

■観測値を並替（昇順）
観測値3（23）＜観測値1（25）＜観測値2（26）＜観測値4（49）

==BH法を用いた多重比較 ==
（有意水準 alpha=0.05とします）
- - - - - - - - - - - - - - - - - - - - - - - - - -
セル比較　片側検定　調整後確率（調整前）
- - - - - - - - - - - - - - - - - - - - - - - - - -
3<4        *      p=0.00589    (0.00147)
1<4        *      p=0.00708    (0.00354)
2<4        *      p=0.00705    (0.00529)
2=3        n.s    p=0.38772    (0.38772)
1=3        n.s    p=0.35417    (0.44272)
1=2        n.s    p=0.33333    (0.50000)
- - - - - - - - - - - - - - - - - -
1=2        n.s    p=0.33333    (0.50000)
1=3        n.s    p=0.35417    (0.44272)
1<4        *      p=0.00708    (0.00354)
2=3        n.s    p=0.38772    (0.38772)
2<4        *      p=0.00705    (0.00529)
3<4        *      p=0.00589    (0.00147)
- - - - - - - - - - - - - - - - - - - - - - - - - -
```

第1章　スマホでできる！クイック・データ分析を使った学級経営　89

先生＞授業，先生＞友達，先生＞当番活動と，先生のカテゴリーが他のカテゴリーより有意に多いという結果でした。

このことから，前期において児童は，クラスの良さを先生という視点から捉えていることがわかりました。

つぎに，後期にも同様の活動を行い，クラスの良いところをリストップしたところ，全部で111個という結果でした。前期より後期の方が合計は減りましたが，前期と後期で児童の考えるクラスの良さに違いはあったのでしょうか。

⑤　結果を表にまとめる

|  | 友達 | 当番活動 | 授業 | 先生 |
|---|---|---|---|---|
| 前期 | 25 | 26 | 23 | 49 |
| 後期 | 45 | 23 | 25 | 18 |

⑥　p 値を計算する

js-STAR アプリのカイ二乗検定 i × J 表を使って求めます。

以下のように入力して，「計算！」ボタンをクリックすると，結果が出力されます。

⑦ p値の大きさを評価する

　カイ二乗値は19.761で，p値が10％未満だったので有意でした。つまり，集計された表の各カテゴリーの数には偏りがあると判断できます。しかし，集計表全体には偏りがあることがわかりましたが，どのカテゴリーが多いか少ないかは，これだけではわかりません。そこで，❷の残差分析の結果を見てみましょう。

　前期では「4 先生について」が多かったのですが，後期では「1 友達について」が多くなったことがわかります。

　前期は学級開きに始まり，学級システムの定着や子ども同士がつながっていなかったこともあり，教師によるアプローチが有意に多かった可能性が考えられます。しかし，後期になると児童の関係性が良好なものになったことから「1 友達について」の記述量が増えた可能性が考えられます。

　このように分析していくと，前期と後期で各カテゴリーの数に有意な差は見られなかったものの，子どもたちが認知する学級の良さについて内面的な高まりがあったと考えられます。

良いクラスかどうか判断するためには，数値の増減だけでなく，子どもの認知面，日常の学級の様子など，さまざまな観点から学級を見取っていく必要があるのです。

---

「カイ二乗検定の結果」
（上段実測値，下段期待値）
-------------------------------
25        26        23        49
36.795    25.756    25.231    35.218
-------------------------------
45        23        25        18
33.205    23.244    22.769    31.782

$x^2(3) =$    19.761,    $p < .01$ ··························· ❶
Cramer's V =0.291

「残差分析の結果」
（上段調整された残差，下段検定結果）
-------------------------------
-3.372    0.078     -0.723    3.991
**        ns        ns        **
-------------------------------
3.372     -0.078    0.723     -3.991
**        ns        ns        **

$+p < .10 *p < .05 **p < .01$

「実測値と残差分析の結果」 ·························· ❷
-------------------------------
25▽       26        23        49▲
45▲       23        25        18▽
-------------------------------
（▲有意に多い，▽有意に少ない，$p < .05$）

## 実践事例⑳　学級アンケートを分析する

**状況を把握する事例：** 集団づくり

### 事例

　児童がクラスをどのように感じているかを知るために，以下のような学級アンケートを実施しました。このアンケート結果からどのようなことがわかるでしょうか。

＜設問内容＞
Q1　あなたのクラスは，人に親切ですか
Q2　あなたのクラスは，にぎやかですか
Q3　あなたのクラスは，まじめですか

＜選択肢＞

| はっきり | だいたい | どちらとも | やや | まったく |
|---|---|---|---|---|
| ハイ | ハイ | いえない | イイエ | イイエ |
| +-------------+ |  | +-------------+ |
| 肯定 |  | 中立 |  | 否定 |

＜回答結果＞

| 児童参加者数<br>(参加者数10人) | 変数1<br>性別 | 変数2<br>親切 | 変数3<br>にぎやか | 変数4<br>まじめ |
|---|---|---|---|---|
| 児童1 | 1 | 4 | 3 | 4 |
| 児童2 | 1 | 4 | 3 | 5 |
| 児童3 | 2 | 1 | 4 | 3 |
| 児童4 | 1 | 5 | 3 | 5 |

第1章　スマホでできる！クイック・データ分析を使った学級経営　93

| | | | | |
|---|---|---|---|---|
| 児童5 | 2 | 3 | 5 | 2 |
| 児童6 | 1 | 5 | 4 | 4 |
| 児童7 | 2 | 4 | 4 | 3 |
| 児童8 | 1 | 5 | 3 | 5 |
| 児童9 | 2 | 2 | 4 | 3 |
| 児童10 | 2 | 4 | 3 | 4 |

・回答の数値化
・男子1，女子2（性別に順序はないので，男子2，女子1でもよい）
・はっきりハイ5，だいたいハイ4，どちらともいえない3，ややイイエ2，
　はっきりイイエ1
　（肯定的な回答の数値を大きくする）

### ❗ 考え方

　1×2表（母比率不等），2×2表（Fisher's exact test），自動評価判定
（グレード付与）など，いろいろな分析方法を使います。

### 📊 分析の実行1：1×2表（母比率不等）

① 結果を表にまとめる

　はっきりハイ5，だいたいハイ4を肯定的な回答，どちらともいえない3，
ややイイエ2，はっきりイイエ1を肯定的ではない回答とすると，母比率は
2：3となります。

Q1　あなたのクラスは，人に親切ですか

| 肯定的な回答 | 肯定的ではない回答 |
|---|---|
| 7 | 3 |
| 母比率1 | 母比率2 |
| 2 | 3 |

② $p$ 値を計算する

js-STAR アプリの１×２表（母比率不等）を使って求めます。

以下のように入力して，「計算！」ボタンをクリックすると，結果が出力されます。

③ $p$ 値の大きさを評価する

$p$ 値は，$p=0.0548$（片側確率）として出力されています。$p$ 値が10％未満だったので，肯定的な回答が肯定的ではない回答よりも多かった，つまり，親切なクラスと感じている児童が多いと判断することができます。

Q２，Q３でも，同様に分析することができます。

## 📊 分析の実行2：2×2表（Fisher's exact test）

### ① 結果を表にまとめる

はっきりハイ5，だいたいハイ4を肯定的な回答，どちらともいえない3，ややイイエ2，はっきりイイエ1を肯定的ではない回答として，性別とクロス集計します。

性別　×　Q2　あなたのクラスは，にぎやかですか

|  | 肯定的な回答 | 肯定的ではない回答 |
| --- | --- | --- |
| 男子 | 1 | 4 |
| 女子 | 4 | 1 |

### ② $p$ 値を計算する

js-STAR アプリの2×2表（Fisher's exact test）を使って求めます。

以下のように入力して，「計算！」ボタンをクリックすると，結果が出力されます。

## ③ ｐ値の大きさを評価する

```
          観測値１    観測値２
-------------------------
群１          １          4
         (0.2000)   (0.8000)
群２          4          １
         (0.8000)   (0.2000)
-------------------------
両側検定：p ＝0.2063      ns（.10＜p）
片側検定：p ＝0.1032      ns（.10＜p）

連関係数：Phi ＝0.400（イエーツの補正適用）
効果量：h ＝ －1.2870
（大＝0.8, 中＝0.5, 小＝0.2）
```

　片側検定：$p$ ＝0.1032 ns（.10＜$p$）として出力されています。$p$ 値が10％より大きかったので，有意な差はありませんでした。

　しかし，大きかったと言ってもわずか0.3％。男女間でクラスのにぎやかさの感じ方に差が生じてきている可能性も否定できません。

　すぐに対策を講じるか，もう少し様子を見るかは，日々児童と接している学級担任の肌感覚が重要になります。統計的な分析結果は，あくまで数値的な結果でしかありません。それをどのように活かすかは，目の前の児童の変化を日々観察している学級担任の感じ方と深く結びついているのです。

　この分析例では，「性別×にぎやか」をクロス集計しましたが，すべての変数を総当たりで組み合わせ，片側確率を求めることができます。

　片側検定で有意となる組み合わせは，以下のようになりました。

|  | 片側確率 | 連関係数 |
|---|---|---|
| 性格×親切 | $p$ ＝0.0833 | Phi=0.436 |
| 性格×まじめ | $p$ ＝0.0238 | Phi=0.612 |
| 親切×にぎやか | $p$ ＝0.0833 | Phi=0.436 |
| 親切×まじめ | $p$ ＝0.0333 | Phi=0.579 |
| にぎやか×まじめ | $p$ ＝0.0238 | Phi=0.612 |

第１章　スマホでできる！クイック・データ分析を使った学級経営　97

Phiはファイ（φ）という連関係数という統計量です。
　「性別」と「まじめ」の回答との関連性の強さを表します。0～1の値をとり，φ＝0で無連関，φ＝1で完全連関となります。有意な2×2表同士で，どちらがどれくらい関連が強いかを判断するときに使います。
　それぞれの変数の関係を図に表したのが下のダイヤグラムです。
　「まじめ」という項目と他の項目の関連が強いことがわかります。
　児童が考える「まじめ」とは何かを明確にすることで，学級経営の方針が見えてくるかもしれません。

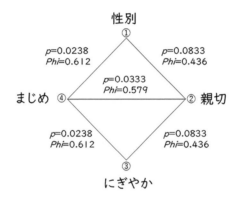

　アプリ版やスマホ版では，一つ一つクロス集計表を作成して分析する必要があり，項目数が多くなると大変手間がかかります。
　ブラウザ版にある自動集計検定2×2（連関の探索）を使うと，元のデータからすべての項目を総当たりにして，有意な組み合わせだけを出力してくれます。

## 分析の実行3：自動評価判定（グレード付与）

### ① 結果を表にまとめる

はっきりハイ5，だいたいハイ4，どちらともいえない3，ややイイエ2，はっきりイイエ1とし，人数を集計します。

|     | 5 | 4 | 3 | 2 | 1 |
|-----|---|---|---|---|---|
| Q1  | 3 | 4 | 1 | 1 | 1 |
| Q2  | 1 | 4 | 5 | 0 | 0 |
| Q3  | 3 | 3 | 3 | 1 | 0 |

### ② 結果を計算する

js-STARアプリの自動評価判定（グレード付与）を使って求めます。

達成目標（純肯定率）は80％とします。純肯定率とは，全体の人数からどちらともいえない3（中立的な回答）を除いた「はっきりハイ5，だいたいハイ4の肯定的な回答」の割合のことです。

例えば，Q3の集計結果を右のように入力して，「計算！」ボタンをクリックすると，結果が出力されます。

### ③ 結果をみる

Q1～Q3までの結果を取りまとめました。

|     | 5 | 4 | 3 | 2 | 1 | Total | Yes%   | Goal% | Grade | BF              |
|-----|---|---|---|---|---|-------|--------|-------|-------|-----------------|
| Q1  | 3 | 4 | 1 | 1 | 1 | 10    | 77.78  | 80.00 | B     | 0.3311 (0.3387) |
| Q2  | 1 | 4 | 5 | 0 | 0 | 10    | 100.00 | 80.00 | A ?   | 0.5086 (3.4404) |
| Q3  | 3 | 3 | 3 | 1 | 0 | 10    | 85.71  | 80.00 | A     | 0.3406 (0.4516) |

BFはベイズファクタという統計量を表しており，この値と肯定的な回答の割合をもとに，評価グレードを以下のように定義しています。

S：達成目標以上の段階にある（BF＞1，かつ純肯定率＞80%）
A：達成目標に達した（BF≦1，かつ純肯定率≧80%）
B：達成目標に近い段階にある（BF≦1，かつ純肯定率＜80%）
C：達成目標より低い段階にある（BF＞1，かつ純肯定率＜80%）
D：達成目標より相当低い段階にある（BF＞3，かつ純肯定率＜80%）
－：下位段階に近接している（BF＞20の場合，－（マイナス）を付加）
？：中立的な回答が過多なので評価保留を勧める

　Q1は達成目標80％よりは低かったものの，B：達成目標に近い段階にあると評価されました。
　Q3は達成目標80％より高く，A：達成目標に達したと評価されましたが，S：達成目標以上の段階にあるとは評価されませんでした。
　Q2は達成目標80％より高く，A：達成目標に達したと評価されましたが，Aのとなりに？マークがついています。これは，どちらともいえない3（中立的な回答）の人数が多かったので，Aという評価を保留したほうがよいということです。
　実際，全体の人数10人の半数である5人が「どちらともいえない」を選んでいます。
　この5人が肯定側になるのか否定側になるのかによって，その後の評価が大きく変化する可能性があります。
　逆に言えば，この5人をどちらに動かそうとするかが，学級担任としての今後の戦略になるということです。

## Column4　教育活動の質保証

　本書が推奨する探索発見型の有意水準 $\alpha=0.10$ の片側検定は，統計的検定の有意性を増加することを意図しています。すなわち有意水準 $\alpha$ を仮説検証型の0.05から探索発見型では0.10にしたこと，さらにまた仮説検証型で常用される両側検定を，探索発見型では一律の片側検定にしたことが技術的な変更点です。

　こうした探索発見型の統計的方法は，目前の問題や出来事に対する直感，気づき，気がかりなどに数値の確証を与え，次の取り組みにつなげようとしたものです。もちろん次の段階として，理論的な仮説構成を経て本格的な仮説検証型の証明というルートが続くことは言うまでもありません。もともと探索発見型から仮説検証型へと研究活動は進展するものですから。

　しかしまた他方で，その探索発見型の研究を実践現場におけるＰＤＣＡサイクルに乗せる道も開かれています。この道は仮説の構成・証明を目的とするよりも，実践現場における活動の「質保証」を目的とするルートです。質保証とは不断の改善を意味します。

　すなわち，教育指導を例にとると，Plan（指導計画）→ Do（指導実践）→ Check（有意性判定）→ Act（改善の取り組み）と進み，そしてまた先頭の Plan に戻るループとなります。この Check の環において探索発見型の有意性を検出し，その有意性を根拠に Act の環において今回の教育指導を改善する議論や工夫が為されて，（従来ややもすれば Do で止まりがちな）ＰＤＣＡのループが次巡に向けて回り出すわけです。

　探索発見型の統計的検定法が，こうした Check の次の改善の Act を推し進める原動力となることを本書は願っています。

　なお，本書推奨の有意水準 $\alpha=0.10$（片側検定）は実践現場の領域に合わせて設定すべきものであり，固定・確定したものではありません。本書では教育指導現場を想定していますが，$\alpha=0.15$（片側検定）くらいが適当では

という見解もあっておかしくありません。個人的にはそうした強い信念をもっています。各領域の実践現場で有意水準のハードルをいかに増減させるかは経験的あるいは試行錯誤的に知見と議論を積み重ねていただきたいと思います。

(田中　敏)

# 第 2 章

 学級経営に
統計学の思考を

# 第2章 学級経営に統計学の思考を

## 1 1人でも不満を持つ子がいたらあなたの学級経営は失敗だったのか？

　第1章をお読みいただき，教育活動の判断に統計学の発想を取り入れることによって，勘と経験に頼っていた判断から，合理性の高い判断ができるようになることや，また，その活用場面が教育活動，特に学級経営にはたくさんあるということを感じたのではないでしょうか。

　本書は，教師としての勘と経験を否定するものではありませんが，私たちは様々な認知バイアス，つまり心理的な偏りを持っていますから，勘と経験だけでは，「誤る」こともあります。

　例えば，学年末にクラスの子どもたちにアンケートを採ったとします。30人のクラスで，1人の子どもが，不満を示したとします。あなたの学級経営は，成功だったのでしょうか失敗だったのでしょうか。あなたのやってきたことは正しかったのでしょうか，間違いだったのでしょうか。

　教師として駆け出しの頃の私は，自分の教育に対して全員に満足してほしいと思っていました。今思えばとんでもない思い上がりですが，若いときは，自分の実力を過大評価していることもあります。だから，学年末や学期末に，「〇年〇組は楽しかったですか？」などの自作のアンケートを実施し，1人でも「楽しくなかった」「そうは思わない」などのネガティブな反応があると，かなり落ち込みました。

　良くない教師の思考の典型である完璧主義，100点志向をもっていたのだと思います。そのせいか，子どもたちの小さな失敗が許せなかったり，学習や作業に取り掛かりの遅い子がいると待てなかったりしました。

　授業では，1人残らず全員に授業内容をわかってほしいと思い，発問すれば先ず机間指導をし，わからない子（例えば，女子児童Aさん）を見つけると，何分もそこで立ち止まり，個別指導をしていました。他の子たちが待っているにもかかわらず，です。

学級開きから数週間後に実施された家庭訪問では，「今度の先生は新人だけど面白そうだ」「楽しい１年になりそうだと喜んでいる」などたくさんの期待に満ちた言葉をいただきました。しかしゴールデンウィークを過ぎたあたりから，クラスの空気は淀み始め，ＡさんはＡさんで，問いに答えなければ，個別指導を受けることができることを学習し，少しでもわからないことがあると自力で解こうとすることをやめてしまいました。

　それは算数の学習場面でしたが，やがて，体育や音楽などのその他の学習場面でも同様の行動をするようになりました。昨年の彼女のようすを知っている先生方から，彼女は以前からそうした傾向があったものの，それほど頻繁なわけではなかったと言います。明らかに私が，そうした行動を強化したと考えられます。いわゆる，不適切な行動に注目し，そうした行動の頻度を高めてしまったと言えます。

　Ａさんの不適切な行動ばかりに注目し，自分たちに注目をしない担任に不信感をもち，当初は学習に対して意欲的だった他の子どもたちもだんだんと意欲を失い，「よどみ」として表出したのだと思われます。集団で学ぶ学級生活において，木だけを見て森を見ず，森全体を枯らしてしまうようなことをしたわけです。

　もし，このときに本書が主張してきたような統計的な判断を知っていたらと思うと，未だに悔しくてなりません。

　もしそのときの私が本書を読んでいたら次のような判断ができたかもしれません。シミュレーションをしてみましょう。

　前年の担任から，Ａさんは授業への取組がおよそ５割という引継ぎを受けていたとします。１週間で30時間授業したら，その半分の15回は取り組むけれど，あとの半分の15回には取り組まない状況です。

　ある週のＡさんの授業への取組状況を確認したら，取り組んだ回数が12回，取り組まなかった回数が18回でした。昨年より取組状況が悪くなっていると

判断して，Ａさんへの個別支援をすぐにでも行う必要があるでしょうか。

「30回の授業のうち，取り組んだのが12回，取り組まなかったのが18回だった」このことの意味を偶然生起率の考え方で検討してみます。ｐ値は，0.1808となるので，このことはたまたま起きた可能性が高いと言えます。つまり，彼女の授業に取り組まない傾向が，自分が担任するようになってから顕著に高まったとは言えないのです。

悪い傾向が見られると，学級担任としてはすぐにでも個別支援をしなければと考えてしまいますが，今は，全体指導の中で本人の成長を見守る判断をすることがよかったのではないでしょうか。それができなかった理由としては，完璧主義傾向もあったことでしょうし，また，新人教師として「もし，自分が担任ではなかったらこうはならなかった」という罪悪感を打ち消したい気持ちなど様々な思いがそこにあったからかもしれません。

子どもの成長に関わる重要な場面であったにもかかわらず，感情的な不合理な判断に従ってしまったのです。

恐らく私は，昨年まで稀だった現象に注目を与えることで，発生確率を高め，日常化してしまったと思われます。もちろん，稀な現象だからと言って，学級担任，そして授業者としてそれを放っておいていいわけではありません。誰か1人を取り残していいという選択肢は，教師にはないからです。本書の中で繰り返し述べられているように，数値を傾向として受け止めた上で，対応を考えなくてはなりません。

木を見て森を見ることができていたら，授業の中での個別指導は最小限度にして，後ほど個別指導するか，または，授業中に協働学習を組織して，集団の教育力を保全したり活用したりして，彼女だけでなく学習に困難を抱える子を支援していたことでしょう。森としての調和性を高めて木を育てる戦略に出ることができたわけです。

もしも，学級経営に関するアンケートを実施して，ネガティブな回答をする子どもが何名かいても，全体の取組を「失敗だった」と性急に判断することは少し待った方がいいのかもしれません。ネガティブな反応の数によっては，大筋は間違っていなかったと判断できるかもしれません。

　ただ，これは改善をしなくていいということではありません。ネガティブな反応があった以上は，それがなぜ起こったかを考察し，然るべき対策を講じるべきです。しかし，そのこと自体は，あなたのやってきたことそのものを否定する材料にはならないかもしれません。逆に，いくつかのうまくいった事象を捉えて，全体的成功と解釈することも控えたいものです。

　統計学の発想を知っていると，無駄に自信を失うことや過信することを防ぐことができます。また，教育には今手を出すべきときであるとか，また，今は手を出さずに見守るべきときであるといった判断が迫られる場面が多々あります。その基準は，極めて曖昧です。そのようなときに数字は，私たちの判断に根拠を示してくれます。

　もちろん，「教育は数字だけじゃない」という主張もわかります。他ならぬ私もそう思っていました。しかし，勘と経験だけでは勝負できないのも現実ではないでしょうか。

第 2 章　学級経営に統計学の思考を　107

## 2 学級経営に長期計画よりも戦略計画を

### (1) クラスの理想像が実現しにくい理由

　多くの教師が新しくクラスを担任するときに，こんなクラスをつくりたい，こんなクラスを育てたいと理想像のようなものを掲げます。しかし，それが実現しないのも現実のようです。

　一般的に次のような要因が考えられます。

### ① 教師の理想と現実の乖離

　多くの教師は高い理想を持って職に就きますが，実際の教室では様々な問題行動や予期せぬ状況に直面します。いわゆるリアリティショックというものです。また今の教室は，様々な背景や課題を持つ子どもたちが集まる教室で，全ての子どもに適した環境を作ることの難しさがあります。いざ，実際の子どもたちに対面すると，多様なニーズと実態にたじろいでしまい，理想すら描けなくなってしまうこともあるでしょう。

### ② スキルの不足

　理想を現実につなげるためのスキルが不足していることがあります。理想を掲げることができても，その実現のための方法がわからないことがあります。学級経営という教師の働きかけの存在を，教師になってから初めて知るという人もいます。大学の教員養成に組み込まれていないからです。また，教員研修でもそのプログラムが充実しているとは言えません。実際に，良質な学級集団を育てる方法がわからないという課題もあります。

　このように理想の学級が実現しにくいのは，ゴールイメージを設定しにくいこと及び，ゴールまでの道筋，つまりプロセスが描けないことなどの理由が挙げられます。

ゴールの問題とプロセスの問題で言えば，困難度はゴールの問題の方が比較的低いと言えます。プロの教師ではなくても，教師を志す学生ならばある程度，描くことができます。私は大学の学部の授業で，学生のみなさんに理想の学級の姿について語ってもらうことがありますが，私自身も実に多くの気付きを得ることができる秀逸な理想を描いています。しかし，「それをどうやって実現するの？」と尋ねると，明確な答えが返ってこないのも現実です。

　理想が実現しない問題は，教育業界の話ばかりではありません。営利団体も非営利団体も同様です。経営の神様と呼ばれるドラッカーは次のように言います。「未来は，望むだけでは起こらない，そのためには，いま意思決定をしなければならない。今行動し，リスクを冒さなければならない。必要なものは，長期計画ではなく戦略計画である」（ドラッカー，上田編訳，2001）[1]。
　戦略についてドラッカーの主張をまとめておきます。

①手法ではなく，分析や判断をともなう思考
②どのようになりたいかを考え，どんな手段をとっていくか考えること
③分析をもとに見えない将来に対し「今日何をするべきか」を決断する
④リスクより成果に注目
　という性格をもち
①リスクをともなう意思決定を行い
②その実行ために体系的な組織活動を行い
③その活動の結果を期待した成果と比較すること
の連続したプロセス（藤屋監修，2010）[2]。

## ⑵　長期計画と戦略の違い

　ここで長期計画と戦略の違いについて述べる必要があるでしょう。以下に長期計画と戦略の違いを示します。

### ①　目的と焦点

【長期計画】：
・組織の将来のビジョンを描くことに重点を置きます。
・「何を」「なぜ」行うべきかという大きな方向性を示します。

【戦略計画】：
・ビジョンを実現するための具体的な戦略と戦術を策定します。
・「いつ」「どのように」目標を達成するかを具体化します。

### ②　柔軟性と調整

【長期計画】：
・大きな方向性の変更は比較的稀です。

【戦略計画】：
・環境や競合状況の変化に応じて，より頻繁に見直しと調整が行われます。

### ③　実施と評価

【長期計画】：
・進捗の評価は比較的大まかで，長期的な視点で行われます。

【戦略計画】：
・具体的なタイムラインと責任者を設定し，定期的に進捗を評価します。
・プロアクティブ（事前対応）な問題解決と意思決定を促進します。

　このように比較してみると，学級経営にとって，長期計画が組織の大きな方向性と長期的なビジョンを示すのに対し，戦略計画はその方向性に向かって具体的にどのように進んでいくかを詳細に示すものと言えるでしょう。戦

略計画は長期計画の枠組みの中で策定され，長期目標の達成を支援する役割を果たします。

　かつては，学級経営案という計画書があって，学級担任なら誰もが書いていましたが近年は，作成しない学校が増えていると聞きます。学級経営は，多様なニーズをもった子どもたちを導く複雑で多岐にわたる営みなのに基本的な計画を作成しないというのは，地図もコンパスも持たずにジャングルを探検するようなものです。

　そこで，私は学級経営をしっかりやっていきたいと考える学校には，図１のような，学級経営の戦略のモデルを示して，学級経営の指針にしていただいています。

　現在地とは，学級の４月などのスタート地点での実態です。目的地は，３月に子どもたちとお別れするときの学級の姿です。まず，現在地は，教師の主観的な見取りやアンケート調査などによって把握された実態です。目的地は，具体的な姿と言うよりも価値で示します。

　ゴールに具体的な行動が設定されると，「こうあらねばならぬ」と決まった行動に教師も子どもも縛られ，学級経営が柔軟性を失ってしまうからです。価値に基づき，行動を設定がされる場合は，その行動が子どもの実態からかけ離れていれば，価値を見据えてそれを変更することが可能になります。目的地を設定し，現在地から取組の方策の概要を示したものが長期計画とすると，その方策においてそれをどう運用していくかを示したものが戦略計画です。

　目的地としての価値を決めたら，次にその価値を体現した子どもの行為像を目標として設定します。しかし，それは現在地の子どもたちの実態からすれば少しレベルの高いものであることがあります。その場合はスモールステップで設定します。図の例示で示します。「互いに思いやり合うクラス」という理想を掲げたとします。「思いやる」という姿は，いろいろな姿で表現

されることでしょう。
○相手の話を共感的に聞く。
○相手の感情を配慮して発言する，自己主張する。
○困っている人がいたら適切な支援をする。

などなど，様々な思いやり行為が想定されます。その中で，担任として特に大事だと思った行為ができることを目標として設定します。

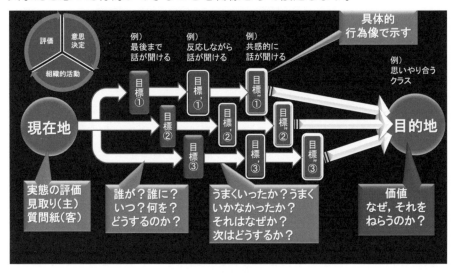

図1　学級経営の戦略図

　話の聞き方として，「共感的に話を聞いてほしい」と願ったとします。しかし，クラスの実態，つまり，現在地を見れば，人との話をしっかり聞けない子どもたちが多数いる状態で，共感的に聞くということを願うのは無理があります。その前段階として，「最後まで話が聞ける」「反応しながら話が聞ける」といった段階を設定し，スモールステップで取り組むように計画を立てます。

　話の聞き方に対しては，目標①「最後まで話が聞ける」状態を目指して取

組を始めます。戦略計画におけるリスクとは,「危険性」のことではなく,「不確実性」のことです。この段階では,話を聞くことがままならない子どもが多数いるなかで,思いやり合うクラスを目指すことはもちろんですが,最後まで話が聞けるようになるかわかりません。まさに,リスクを伴う意思決定と言えます。学級経営において,学級担任がやっていることは,結果が保障されないことばかりですから,常にリスクを伴う意思決定をしていると言えるでしょう。

　意思決定の次は,体系的な組織的活動ですが,これは教育活動においては,授業や指導行為と捉えていいでしょう。例としてソーシャルスキル・トレーニングが挙げられるでしょう。例えば,2人組になって交代で30秒程度の話をし,人の話を最後まで聞くことの良さを体感させます。また,それだけでなく,他の授業においても,話を聞く大切さを伝え,最後まで話を聞くことができることを認めるなどの強化をし続けるなどのことも効果的でしょう。

　そして,取組後には評価をします。このときに,評価を曖昧にすると活動が「はい回る」ことになります。うまくいっているのか,うまくいっていないのか,それは,なぜかなどを考察します。

　このときに,本書で取り扱ってきた統計学の発想,そして,具体的ツールとしての js-STAR が威力を発揮します。「あの取組はうまくいったのかどうか」をぼんやり考えていると,意思決定が曖昧になります。

　問題解決の理論と技法としてその有効性が指摘されるソリューション・フォーカスの考え方では,問題解決の3つの原則として

①うまくいっていることを変更するな
②一度やってうまくいったなら,またそれをせよ
③うまくいっていないのであれば,何か違うことをせよ

を挙げています(橋本,2008)[3]。

　このように問題解決には,取組の評価がとても大事です。教室の一事象だ

けに注目すると，それを拡大解釈したり過小評価したりしてしまうことがあります。私たちは，誰もが多少なりとも認知バイアスを持っていて，客観的に物事を評価するのがとても苦手な生き物なのです。自分の主観だけを頼りに判断していると，初任の頃の私のように，ほとんどの子どもが，問いを理解しているのに，個別の特殊な事情に囚われてしまい，大局を見ずして，クラス全体を混乱させてしまうことがあるわけです。

　学校現場では，しばしば，数値が下がれば即，「悪い傾向」と判断し，やっていることを変えようとすることがあります。その悪い兆しを $p$ 値を用いて，「たまたま起こったこと」と判断できれば，今やっていることを継続すればよいのです。前例踏襲をいけないこととし，いつしか改善することが目的となり，悪くなっていないのに取組を変更することが学校で多く見られることがあります。うまくいっていることは変える必要はないのです。

　取組に対する評価時期を決めて，子どもたちの話の聞き方を想起します。実際に子どもたちの話の聞き方を想起して，最後まで話が聞けているであろう子どもの数を数えます。在籍30名のクラスとして，聞けている子が20名，聞けていない子が10名だとすると，

　　聞ける：聞けない（人）
　　　20：10　　　　　　　$p=0.0494$（片側確率）

となるので，$p$ 値が0.05（5％）以下となり，本書では，0.1（10％）以下だったら「効果あり」と捉えようというわけですから，本書の主張に則れば，在籍30人で，20人の子どもたちが目標を達成しているということは，「偶然ではない」ということになり，指導の効果があった可能性があったと考えられるわけです。

　ただし，これは取り組む前に実態把握をしていないので，最初から話が聞ける子は，一定数以上いた可能性もあります。しかし，自分のクラスは，話を最後まで聞けていない子よりも，聞けている子の方が，自分の見取りの上

ではありますが，顕著に多いと判断できるわけです。この差は偶然ではないので，指導の効果があったのかもしれません。

　できれば取組の前の実態把握をしておきたいものです。例えば，取組前は，想起してみたら，どちらも15人だったとします。そして，事後の評価では，聞ける子20，聞けない子が10人でした。

|  | 聞ける | 聞けない | （人） |
|---|---|---|---|
| 取組前（事前） | 15 | 15 | |
| 取組後（事後） | 20 | 10 | |

という結果を，２×２表（Fisher's exact test）で分析します。

|  | 観測値１ | 観測値２ |
|---|---|---|
| 取組前 | 15 | 15 |
| | (0.5000) | (0.5000) |
| 取組後 | 20 | 10 |
| | (0.6667) | (0.3333) |

フィッシャーの正確検定

両側検定：$p = 0.2949$　n.s.　(.10 < p)
片側検定：$p = 0.1475$　n.s.　(.10 < p)

連関係数：Phi = 0.1352（イエーツの補正適用）

　すると，有意差が出ませんでした。話を聞ける子が５人増えてもそれはたまたまだった可能性があります。つまり，取組の効果があったとは言えない

第２章　学級経営に統計学の思考を　115

わけです。

さて，ここで話を聞ける子が1人増えたらどうなるでしょうか。

|  | 聞ける | 聞けない | （人） |
|---|---|---|---|
| 取組前（事前） | 15 | 15 | |
| 取組後（事後） | 21 | 9 | |

つまり，聞ける子が1人増えました。すると，

|  | 観測値1 | 観測値2 |
|---|---|---|
| 取組前 | 15 | 15 |
| | (0.5000) | (0.5000) |
| 取組後 | 21 | 9 |
| | (0.7000) | (0.3000) |

フィッシャーの正確検定

両側検定：p ＝0.1872　n.s.　(.10＜ p)
片側検定：p ＝0.0936　＋　(.05＜ p ＜ .10)

連関係数：Phi ＝0.1701（イエーツの補正適用）

たった1人，話が聞ける子が増えただけで，片側検定において有意傾向となりました。「話が聞ける」という一方に価値を置いている調査なので片側検定を採用しました。スマホをいじりながら，「待てよ，話の聞き方が不安定な〇〇さんだけど，あの子を合格とすると，今までのやってきた方法は効

116

果あり，と言えるな」と，今後の具体的な指導のイメージを持つことができます。漫然と結果を眺めるより，統計的な判断を行うことで，今後のより具体的な指導イメージを持つことができるでしょう。

　また，そうでなくても，5人は話が聞けるようになったわけですから，継続してみる価値があるということです。まさに，問題解決の三原則①「うまくいっていることを変更するな」です。もし，明らかに効果がないのであれば，潔く今やっている方法をやめればいいのです。原則の③「うまくいっていないのであれば，何か違うことをせよ」です。

　ただ，その何をもってうまくいっているか，うまくいっていないのかを判断するときに，私たちの認知バイアスの影響を低減してくれる強力なサポーターが，統計的思考であり，その具体としての js-STAR なのです。

　放課後，職員室に帰ってきてライン等をチェックするのと同じ感覚で学級経営の戦略会議を1人で，かつ短時間でやれてしまうのです。

むむ、待てよ　話の聞き方が不安定な〇〇さんだけどあの子を合格とすると今までのやってきた方法は効果ありと言えそうだな

ここまで取り組んできたことは間違ってはないようだなもう少し続けてみようかな

第2章　学級経営に統計学の思考を　117

## 3 情は誤るが，数字は誤らない，しかし，数字だけでは人は付いてこない

　ここまでお読みいただければ，学級経営に統計学を入れ込むことの良さが伝わったのではないかと思いますが，それでも，まだ違和感を抱く読者もいることでしょう。なんだかドライな感じがしているかもしれません。しかし，筆者たちの考えは，学級経営をドライにしようと考えているわけではありません。むしろ真逆です。

　「数字に熱を込めろ」というのは，集客数が落ち，窮地にあったユニバーサル・スタジオ・ジャパンのマーケティング本部長などの要職に就きV字回復を実現した森岡毅氏の言葉です（森岡・今西，2016）[4]。森岡氏は，「数字によって導かれた確率の高い戦略を見極めて，目的にとって純粋に最も正しい選択肢を，一切の感情を圧し殺して意志決定できるかどうか？そしてその戦略を実現させるための戦術段階では，情熱的に人を巻き込んでいく圧倒的な熱量を，絶やすことなく燃やし続けることができるかどうか？」ということを大事にしていると言います（森岡・今西，前掲）[5]。

　こうした主張や森岡氏らの著書から，目標達成に対して以下のような基本的な考え方が伝わってきます。

① 数字の重要性

　戦略を立てる際には，情緒を排除し，成功確率の高い選択肢を冷徹に選ぶべきである。

② 人間的要素の必要性

　しかし，数字だけでは不十分であり，戦略を実行する段階では「情熱」が必要だと述べています。

### ③ リーダーの役割

　リーダーは戦術の最前線に立ち，目的や困難の意味，組織の未来における重要性を「情熱」をもって伝える必要がある。

　森岡氏の主張には，「意志決定に「感情」は邪魔」だとか，「戦略レベルの議論に「感情」は要らない」とか，「意識と努力で冷徹な意志決定はできる」とか，一見，冷酷無慈悲を礼賛するような言葉が散見されます（森岡・今西，前掲）[6]。これは森岡氏が，社員と自身の生活を守り生き残るためには，生き馬の目を抜くような競争社会の中で適切な判断をしなくてはならず，また，何よりも人という存在が，何かを決めることが苦手であることを知っているからこそその認識なのだろうと思います。

　森岡氏は目標達成するときの辛さを，次のように述べています。「私は「人に好かれようなんてこれっぽっちも思わない」という鎧を着ることに決めたのです。それでも「心」はどうしても反応してしまうものです。USJ に来てから毎冬のように血尿生活でした。悔しさで眠れずに，夜中に車で山の上に行って車内で絶叫したことも何度もありました。悪夢で目が覚めて眠れない時は，日本刀を眺めては自分の弱さと戦っていました」（森岡・今西，前掲）[7]。

　多くの人の生活を預かり，また，多くの期待を背負う経営者とはかくも厳しいものかと思い知らされます。厳しい業界をたくましく歩むために森岡氏は，数字および確率を大事にしたと思われます。数字は嘘をつかないからです。
　しかし，同時に森岡氏は，数字だけでは人は付いてこないことも知っているのです。目標達成は１人ではできないことを重々認識していることでしょう。戦略を実行するには，人と共に歩むことが必須なのです。人と共に目標を達成するには，無理やりでは不可能です。馬を水辺に連れて行くことがで

きても，水を飲ませることはできないのです。人の主体性を引き出すには，
3つの条件が必要です。

　良く知られた人間の動機づけ理論に自己決定理論があります。1985年にア
メリカの心理学者エドワード・デシとリチャード・ライアンによって提唱さ
れました。自己決定理論では，以下の3つの基本的心理欲求が重要とされて
います。


　自律性の欲求：自分の行動を自分で決定したいという欲求
　有能感の欲求：自分には能力があり，それを発揮したいという欲求
　関係性の欲求：他者と良好な関係を築きたいという欲求

です。

　この3つの欲求が満たされるときに，人はやる気になります。そうした意
味では，リーダーは普段からメンバーと信頼を築き，メンバー同士の良好な
関係性が築かれるよう配慮し，メンバーひとりひとりの力を信じて声をかけ
ることが必要です。そして，さらにメンバーがリーダーの掲げる目標に自ら
コミットしようと思うときは，その目標を達成する価値を感じ，目標達成の
見通しをもったときです。

　これを学級経営に当てはめると，学級担任は普段から子どもひとりひとり
と信頼を築き，子ども同士の人間関係づくりに努めます。そして，子どもた
ちの成長や伸びを信じ，話を聞き，声をかけ続けます。そして，魅力的な目
標を掲げ，目標を達成するための見通しを示します。

　目標を掲げ，見通しを示すときにやはり，自信が必要です。教師の自信や
落ち着き（けっして威圧感のことではありません）のある振る舞いは，子ど
もたちの信頼と安心感を生み，それをやってみようと思わせる，つまり自己
決定を促すことでしょう。

　しかし，不確定要素の多い教育においては，自信をもって判断することが
難しい場面が多々あります。この指導法は効果があると言えるのか，今やっ

120

ていることは継続する価値はあるのか，またはやめた方がいいのか，難しい
判断が連続します。

　そのときに統計的な思考は，教師に判断基準を示唆し，自信の一翼を担っ
てくれることでしょう。リーダーの自信は，メンバーの主体性を引き出す十
分条件ではありませんが，必要条件です。森岡氏は，誤らない判断をするた
めに数字を重視します。そして，数字を根拠にした判断は自信を生み，言葉
に熱を込める基盤となり，その熱はメンバーを鼓舞し，目的を共に達成しよ
うと促すことでしょう。


　教師五者論をお聞きになったことがある方もいると思います。出典は不明
らしいですが，教育者に求められる重要な役割や能力を5つの「者」に例え
て表現した考え方として，よく知られています。一般的に以下の5つの要素
が含まれます。

## ○学者

　教師は常に学び続ける姿勢を持ち，豊富な知識を身につける必要がありま
す。生徒よりも高い学力と幅広い知識が求められ，自己研鑽を怠らないこと
が重要です。

## ○医者

　子どもの状況を把握し，問題点を見つけて適切な「処方箋」を出すことが
求められます。これは必ずしも医学的な意味ではなく，子どもの困難を見抜
き，改善のための指導やアドバイスを行う能力を指します。

## ○役者

　教師は子どもの前で表情豊かに，時には大げさに「演じる」ことで，生徒
の心に火をつけ，惹きつける魅力を持つ必要があります。

## ○易者

子どもの隠れた適性や可能性を見抜き，将来の道を開いてあげる能力を指します。これは占いの力ではなく，子どもの未来を見通す洞察力を意味します。

## ○芸者

学ぶことが楽しくなるような環境をつくり，子どもを楽しませる能力です。教師は常に工夫を凝らし，生徒が前向きに学べるようにすることが求められます。

私が見る限り，多くの先生方は「芸者」「易者」「役者」としての素晴らしい力を持っていると思います。年間に多くの授業を見せていただきますが，子どもを引き付け，魅力的に振る舞い，子どもたちを伸ばしていました。しかし，一方で教員養成に関わっていると，先生方は授業づくりや生徒指導においても勘と直感で実践されていることが多く，学級経営や生徒指導は特にその傾向が強いです。

保護者のニーズや子どもの内面が見えにくくなって久しいです。今後その傾向は益々強まることでしょう。多様なニーズや見えない内面を理解するには，アンケート調査などによって把握する力が求められます。また，それぞれの意見が多いこと，少ないことの意味はなんなのかなど，データ分析の力が求められるのは当然のこととなってくるでしょう。

学級経営は，子どもたちの幸福感や学力，そして自尊感情を守り高める営みの基盤となります。勘と経験だけに頼るのはなんとも心もとないものです。また，学級担任は日々多くのストレスに取り囲まれている仕事です。ごくごく少数の意見に，教師自身の自尊感情をそぎ落とされてしまうこともあります。そういうときに統計学の発想は，私たちの自尊感情を守り，キャリアを守ってくれることでしょう。

森岡氏は，「結果を出すために冷徹になれ！」と言っているのではないと思います。情熱で人と人を繋ぎ，あたたかな世界の実現のために，計画段階では感情を排除せよと言っているのです。

あたたかくなければそこは学校でない，そして当然，教室でもないのです。あたたかいからこそ，子どもたちはそこに集まるのです。教室のあたたかさを守るため，そして，そこに集まる人たちの情熱の火を燃やし続けるために，データと向き合うって少しかっこいいと思いませんか。時にはスマホを片手に冷静に判断し，情熱をもって子どもたちに語りかける，そんなスタイルの学級経営をやってみてもいいのではないでしょうか。

## 【文献】

1　P.F. ドラッカー，上田惇生編訳『マネジメント【エッセンシャル版】』ダイヤモンド社，2001，pp.37-40

2　藤屋伸二監修『まんがと図解でわかるドラッカー　マネジメント，イノベーションなどが初心者でも簡単に理解できる！（別冊宝島）』宝島社，2010，pp.26-27

3　橋本文隆『問題解決力を高めるソリューション・フォーカス入門　解決志向のコミュニケーション心理学』PHP 研究所，2008，p.31

4　森岡毅・今西聖貴『確率思考の戦略論　USJ でも実証された数学マーケティングの力』2016，KADOKAWA，pp.114-140

5　前掲 4

6　前掲 4

7　前掲 4

# おわりに

　約30年前，私は大学の学部において教育心理学科に所属していました。卒論執筆という必要に迫られて t 検定や $x^2$ 検定を，電卓を使って計算していました。手順だけを学んで数式にデータを放り込んでいました。それは途方もない作業であり，ひたすら電卓を叩き，有意差が出た，出ないに一喜一憂しました。それは研究と言うよりも作業でした。

　それから14年の時を経て，上越教育大学の大学院に進学し，大学院生として著者の一人である田中敏先生の統計学の授業を受講します。田中先生の授業は，統計学の基礎・基本を手に取るようにわかりやすく解説してくださり，目から何枚も鱗が落とされたことを覚えています。その時に，紹介されたのが，js-STAR 統計プログラムでした。いざ使ってみると，学部時代のあの苦労は何だったのか，と思うくらいにいろいろな分析が瞬時になされることに驚きました。

　それから大学院の教員になりもう一人の著者である中野博幸先生と同僚となり，再び js-STAR と出会います。プログラムは，中野先生の手により改良に改良が加えられ，かつて大学院生の頃に使用していたものよりも更に使いやすく進化していました。パソコンのブラウザで立ち上げて使用していたものが，いつの間にかスマートフォンのアプリとなり，片手で操作できるようになっていました。現在もプログラムは成長中です。

　これまで私たちの研究室では，学校実習として大学院生が協働で取り組む研究や大学院生や学部生が個人で取り組む修了研究，卒業研究で数多くの調査に取り組んできました。そのほとんどの研究において js-STAR が使用されています。js-STAR なくして，赤坂研究室の研究はあり得ないと言っても過言ではありません。中野先生には，同僚のよしみで年に１〜２回「中野ゼミ」と称して特別講義をゼミ生にしていただいてきました。お忙しいにもかかわらずお願いすると「いいよ〜」と二つ返事で引き受けてくださいました。

専門家に直接研究データを見ていただき，助言をいただくというとても贅沢な時間です。

　私たちは兎角数字に振り回されがちです。数字によって結果が示されると思考停止状態になることがあり，数値が上がった，下がったということで一喜一憂します。しかし，中野ゼミでは一貫して，数値が上がったこと，下がったこと，そして有意差が出たこと，それに加えて出なかったことの「意味」を考えることの重要性を教えていただいています。

　また何よりも私が中野先生の教えで素敵だと思っているのは，10％水準の解釈です。統計学では，1％水準，5％水準の差が出ることによってそれを公認された違いとして捉えます。それは，薬や何かのプログラムの効果を厳密に計るときにはとても大事なことです。しかし，教育においては，実験室のように条件統制ができないことがほとんどです。調査対象を1000や10000集めることはとても難しいです。

　膨大なデータから得られた，1％や5％などの有意差は確かなものであると言えるでしょう。しかし教育現場でそれをやろうとすると，とてつもない労力が必要です。条件整備している間に，有効な働きかけの効果を見落としてしまうかもしれません。変化が激しく，スピード感が求められる現場で何かの取組の可能性を10％まで広げることで，手立ての効果を見逃さない確率が高まります。

　教育活動は判断の連続です。しかし同時に，自信をもって判断することはなかなか難しいことです。統計学の活用は，感情に影響する出来事や見せかけの現象，数字に振り回されることなく，起こっていることの本質を見据えることに寄与することでしょう。本書によって，読者の皆さんが以前よりも少しでも安心して教育活動が展開できるようになることを願っています。

2025年3月　赤坂　真二

# 謝辞

　本書に掲載した実践事例のいくつかは，赤坂研究室の方々から実践の提供と執筆のご協力をいただいたものです。ご氏名を記して，お礼を申し上げる次第です。

海津健太様（新潟県公立小学校）

小出晃大様（新潟県公立小学校）

小林亮介様（新潟県公立中学校）

仙波瑞己様（茨城県公立中学校）

水流卓哉様（愛知県公立小学校）

早坂稚子様（宮城県公立小学校）

　学級経営とデータ分析という組み合わせは今までにない内容でしたが，学級経営と統計学の重要性についてご執筆いただいた赤坂真二先生，データ分析の専門的な内容についての助言とコラムをご執筆いただいた田中敏先生のご協力なくして本書は世に出ませんでした。

　また，明治図書・及川誠氏には，本書の制作にあたり，ご厚志をいただきました。ここに記して感謝いたします。

2025年　春

中野　博幸

【著者紹介】

**中野　博幸**（なかの　ひろゆき）
1963年新潟県生まれ。上越教育大学教職大学院教授・学長特別補佐。29年の教職を経て，現職。様々なソフトウエアを開発し，授業での効果を検証している。また，統計分析ソフトウエアjs-STAR_XR＋を用いて，データ分析の視点から教育現場の課題解決を支援する取組を行っている。

**赤坂　真二**（あかさか　しんじ）
1965年新潟県生まれ。上越教育大学教職大学院教授。学校心理士。19年間の小学校勤務では，アドラー心理学的アプローチの学級経営に取り組み，子どものやる気と自信を高める学級づくりについて実証的な研究を進めてきた。2008年4月から現所属。これから現場に立つ若手教師の育成，主に小中学校現職教師の再教育に関わりながら，講演や執筆を行う。

**田中　敏**（たなか　さとし）
1955年新潟県生まれ。学術博士，上越教育大学名誉教授。2021年『Rを使った〈全自動〉統計データ分析ガイド』，2022年『Rを使った〈全自動〉ベイズファクタ分析』（共著）（いずれも北大路書房）。『js-STAR_XR＋』（共作，フリーウエア）。

---

スマホでできるスマート学級経営

| 2025年3月初版第1刷刊 ©著　者 | 中　　野　　博　　幸 |
|---|---|
| | 赤　　坂　　真　　二 |
| | 田　　中　　　　敏 |
| 発行者 | 藤　原　光　政 |
| 発行所 | 明治図書出版株式会社 |
| | http://www.meijitosho.co.jp |
| | （企画）及川　誠（校正）関沼幸枝 |
| | 〒114-0023　東京都北区滝野川7-46-1 |
| | 振替00160-5-151318　電話03(5907)6703 |
| | ご注文窓口　電話03(5907)6668 |

＊検印省略　　組版所　中　央　美　版

本書の無断コピーは，著作権・出版権にふれます。ご注意ください。

Printed in Japan　　　　ISBN978-4-18-501637-7
もれなくクーポンがもらえる！読者アンケートはこちらから→

## バックキャスト思考で創る学級経営

赤坂 真二 著

未来のあるべき姿を考え，そこから逆に現在を見るバックキャスト思考で，学級経営が変わる！長期的な視点で考えることで，現状の制約にとらわれないアイデアや正解が見えない課題への対応，成長志向のアプローチが可能になります。変化の激しい時代に必携の学級経営論。

Ａ５判 192ページ／定価 2,486円(10%税込)
図書番号 5017

## 教師のデジタル仕事術
## 毎日の授業から校務ＤＸまで

谷中 優樹 著

普段使いでここまで変わる！事務仕事がはかどり，子どもとの時間と笑顔も増えて教師もハッピーになるデジタル仕事術。毎日の業務や学級経営，思考ツール×デジタルで授業づくりにも活かせるデジタルツールについて，そのメリットと実際の使い方を丁寧に解説しました。

Ａ５判 152ページ／定価 2,200円(10%税込)
図書番号 2682

## クラス満足度１００％の学級経営アイデア
### 笑顔あふれるクラスへの仕掛け

樋口 万太郎 監修／島田 航大 著

いいね先生として，先生を100％楽しむ方法を発信している著者が，笑顔があふれるクラスを実現する学級担任の仕事術を直伝。最高の1年を始める準備から毎日のクラスが楽しくなる取り組み，いい雰囲気になる教室づくりから効果的な言葉がけなどその秘訣を1冊に。

Ａ５判 152ページ／定価 2,310円(10%税込)
図書番号 0564

## 理科授業がおもしろい先生が実はやっている授業づくり５６のアイデア

吉金 佳能・衛藤 巧・田中 翔 編著

理科授業を，もっとおもしろく！教科の本質に迫る魅力的な授業づくりにアップデートする秘訣を，「仕掛け」「観察」「スキル」「ＩＣＴ」「授業開き・授業参観」「アウトプット」「個別最適な学び」「探究」の８つの視点からまとめました。

Ａ５判 144ページ／定価 2,156円(10%税込)
図書番号 6225

---

**明治図書**　携帯・スマートフォンからは**明治図書ONLINEへ**　書籍の検索、注文ができます。
http://www.meijitosho.co.jp　＊長記4桁の図書番号(英数字)で、HP、携帯での検索・注文が簡単に行えます。
〒114-0023　東京都北区滝野川7-46-1　ご注文窓口　TEL 03-5907-6668　FAX 050-3383-4991